삶을 읽고
나를 쓰는 자서전

┃ 일러두기
이 책은 자서전출판지도사 7기 작가, 강사들의
진솔한 삶의 이야기입니다.
우리가 자서전을 쓰는 이유는 과거와 현재를 돌아보고
앞으로 남은 생을 더욱 행복하게 살기 위함입니다.
여러분의 자서전도 궁금합니다.
자서전을 써야 하는 시기는 나중이 아니라 바로 지금입니다.

한국자서전협회 자서전출판지도사 7기 작

삶을 읽고

나를 쓰는 자서전

김경화 송선숙 김선화 이선자 이은미 우경하

인생이변하는서점

단 한 번뿐인
소중한 우리의 인생을
진짜 나로
행복하게 살아갈 당신에게
이 책을 전합니다.

내 삶을 책으로

"사람이 책이다"
"경험이 책이다"
"인생이 책이다"

한국자서전협회 소개 l

☑ 연혁

◆ 2024년 3월 15일 설립

◆ 2024년 5월~현재: 자서전출판지도사 강사양성 과정 진행

◆ 출판책:『자서전 강사들의 자서전』,『내 삶의 기록 자서전 쓰기』
『나다움을 찾는 자서전 쓰기』,『진솔한 삶의 이야기 자서전 쓰기』
『행복을 찾는 자서전 쓰기』

◆ 대한웰다잉협회 외 다수 단체와 MOU 진행

☑ 하는 일

◆ 자서전 쓰기 강의와 코칭

◆ 자서전 출판(전자책, 종이책, 그림책 등)

◆ 자서전 대필

◆ 자서전출판지도사 책쓰기 코치 강사 양성

협회 로고(좌)와 출판 공저 소개(우)

| 프롤로그

　이 책은 한국자서전협회 자서전출판지도사 강사 양성 자격증반 7기 작가들이 함께 쓴 자서전이다. 우리는 시니어분들을 포함한 많은 분의 자서전 쓰기, 출판, 대행, 대필을 돕기 위해 마음과 뜻을 모았다.
　우리의 인생과 시간은 쉼 없이 흘러간다. 그렇기에 과거에 어떤 삶을 살아왔고, 현재 어떻게 살고 있는지를 돌아보고 정리하는 시간은 매우 중요하고 꼭 필요하다. 이를 통해 우리는 진정으로 원하는 인생과 행복을 찾고, 앞으로 남은 삶을 후회 없이 살아갈 수 있기 때문이다.
　이 책에는 우리의 과거, 현재, 미래, 그리고 도전과 성취, 행복했던 순간과 힘들었던 시간, 그 속에서 배운 삶의 교훈이 담겨 있다. 우리 함께 신나는 자서전 쓰기 여행을 떠나자.
　당신의 자서전도 참으로 궁금하다.

지은이 소개 I

김경화: 행복 나 책방 대표, 책 쓰는 요양보호사
송선숙: 사회복지사
김선화: 영산대학교 아동.가족상담학과 겸임교수
이선자: 문예창작지도사, 자서전출판지도사
이은미: 오색그림책방 대표, 한국미래평생교육원장
우경하: 나연구소 대표, 한국자서전협회장

▎목차

01. 김경화_ 자신을 얻으면 세상을 얻는다

세상의 헛됨을 봤다	17
글쓰기로 잃어버린 나를 찾았다	20
꿈이 없던 나에게 꿈이 생겼다	23
나는 책 쓰는 요양보호사입니다	25
자신의 구원자를 찾아서 떠난 시간	28
자신을 잃으면 세상을 잃고 자신을 얻으면 세상을 얻는다	30

02. 송선숙_ 일과 삶 사이에서 피어난 도전의 기록

책을 사랑한 소녀, 꿈을 키우다	35
스물의 선택, 가정을 이루다	41
엄마에서 일하는 사람으로	45
위기를 함께 넘은 가족의 힘	48
쉰 중반, 다시 학생이 되다	52
나를 믿는다는 것	56

03. 김선화_ 나의 온도

차가움 속의 나   63
세상에 뛰어들다   66
온도의 균형을 배우다   70
나의 온도는 나의 역사다   76
인간의 체온을 지키며   79

04. 이선자_ 내 목소리를 찾아서

무대 위의 첫걸음   85
변화를 꿈꾸며   87
목소리를 찾다   89
기술과 리더십   91
앞으로 걸어갈 길   93

06. 이은미_ 꽃보다 청춘, 나의 두 번째 봄

회고: 지나온 길 위에서	99
도전: 1인 기업의 시작	105
성장: 배움으로 다시 서다	109
시련: 가장이 된 여자	113
극복: 다시 일어서다	117
도약: 새로운 인생의 무대	121
성찰: 삶이 내게 가르쳐준 것들	125

07. 우경하_ 진짜 나를 만나다

안동의 소심한 소년	131
부푼 꿈을 안고 서울로	134
운명적으로 만난 1인 기업	136
나연구소로 진짜 나를 찾다	138
책쓰기 코치가 되다	140
나를 알면 인생은 변한다	144

에필로그　　　　　　　　　　　149

01

자신을 얻으면 세상을 얻는다

김경화

세상의 헛됨을 봤다
글쓰기로 잃어버린 나를 찾았다
꿈이 없던 나에게 꿈이 생겼다
나는 책 쓰는 요양보호사입니다
자신의 구원자를 찾아서 떠난 시간
자신을 잃으면 세상을 잃고 자신을 얻으면 세상을 얻는다

Ⅰ 작가 소개

작가

자서전출판지도사

행복한 나 책방 대표

책 쓰는 요양보호사

Ⅰ 연락처

이메일: jjh080603@naver.com

블로그: https://blog.naver.com/jjh080603

세상의 헛됨을 봤다

내가 열 살쯤, 할아버지는 69세였고 간암 말기 진단을 받으셨다. 아버지는 병원 대신 집으로 모셔 와 마지막 시간을 함께 보내기로 하셨다.

처음엔 동네 의사께서 매일 집에 방문해 진통제를 놓아주셨지만, 시간이 지나며 아버지께 직접 주사 놓는 법을 배우게 하셨고, 그 후로는 아버지가 매일 할아버지께 진통제를 놓아드렸다.

처음엔 할아버지가 8시간 정도 주무셨지만, 점점 잠드는 시간이 줄어들었다. 어린 나이였지만 학교에서 돌아와 집에 계신 할아버지를 바라보며 안쓰러운 마음이 들었던 기억이 난다. 그때까지만 해도 할아버지는 오래 사실 것만 같았다. 주사를 맞으면 편히 주무셨기에, 나는 그 모습이 오래 지속될 줄 알았다.

하지만 시간이 흐르며 깨어 있는 시간이 늘었고, 아버지는 점점 더 자주 주사를 놓기 시작했다. 마지막엔 두 시간도 채 되지 않아 계속 주사를 놓아야 했다.

그러던 중 큰아버지네 가족 네 명이 임종을 지켜보기 위해 찾아왔다. 큰아버지는 군인이었고, 큰어머니는 산부인과 교수였다. 큰어머니는 할아버지의 모습을 보고 조용히 "돌아가셨다"고 말씀하셨다.

그날, 할아버지는 진통제를 맞았지만 잠들지 못하고 뒤척이다가 숨을 멈추셨다. 아마도 큰집 식구들을 기다리셨던 것 같다. 그들을 보고 며칠 만에 마지막 숨을 거두신 것이다. 우리는 장례를 치렀다.

그 후로 학교에서 돌아오면 부모님은 들일을 나가 계셨고, 나는 혼자 집에 남아 늘 할아버지가 누워 계셨던 자리를 바라보며 마음속에 그늘이 드리워지기 시작했다.

아버지와 어머니는 새벽부터 부지런히 일하고 동네에서도 착하기로 소문났다. 성실하게 사신 덕분에 당시 동네에서는 그래도 어느 정도 사람들에게 인정받을 정도로 살았다. 이런 성실한 부모님에게 가혹한 시련이 생겼다.

고등학교 3학년, 수능을 몇 달 앞둔 겨울의 어느 날, 우리 가족은 남동생의 부고를 들었다. 집안은 그야말로 지옥이었다. 그 집에서 살아 숨 쉬는 것조차 고통스러웠다. 엄마는 현장에 갔고, 아버지는 나 때문에 가지 못했다. 내 앞에서는 눈물을 참으셨지만, 밤마다 조용히 우셨다.

나 역시 살아 있는 딸이라는 이유로, 죽은 아들인 동생을 대신했다는 죄책감에 밤마다 자신을 옭아매며 10년 넘게 살아왔다.

그런 날들이 이어졌고, 나는 결국 집을 나왔다. 대학 진학을 포기하고 고졸로 떠돌이 생활을 시작했다. 어린 나이에 중국의 가장 남쪽, 광둥성에 있는 한국 회사에서 일하기 시작했다.

그저 집을 떠나고 싶었다. 혼자 있고 싶었다. 그 사이 할머니와 외할머니도 모두 세상을 떠나셨다. 이 모든 사실은 나에게 세상이 너무나 허무하게 느껴지게 했다.

삶과 죽음을 이해하지 못한 나이에 살아도 그만, 죽어도 그만이라는 마음으로 자신을 세상에 던져버렸다. 죽어도 한 줌의 흙, 살아도 아무런 의미 없는 세상. 나는 어린 나이에 세상의 헛됨을 보았다.

글쓰기로 잃어버린 나를 찾았다

자신을 잃어버린 나는 어떤 일을 해도 재미를 느낄 수 없었다. 살아갈 의미가 없었기에 그저 사는 대로 살았고, 그렇게 점점 자신을 잃어갔다. 아무런 꿈도, 아무런 미련도 없이 가슴은 얼어붙었고 삶은 차갑게 변해갔다. 주변엔 친구 한 명 없었다.

삶은 점점 외로움으로 흘러들었고, 나는 세상에 홀로 존재하는 것이 이해되지 않았다. '왜 살아야 하는지, 무엇을 위해 살아야 하는지' 그 질문은 결국 부모와 창조주를 향한 원망으로 이어졌다.

차라리 병원에서 삶을 버텨내는 사람들과 내 생명을 바꾸고 싶다는 생각도 했다. 누군가가 대가를 치르고 내 생명을 원한다면, 나는 기꺼이 내어줄 준비가 되어 있었다.

결혼 적령기가 되어 의미 없는 세상에서 도피하기 위하여 그냥 결혼을 했다. 지금 돌아보면, 하늘은 그리 무심하지 않았던 것 같다. 하지만 그 당시엔 하늘조차 무심하게 느껴졌다. 결혼 생활도 행복하지 않았다. 내가 행복하지 않은데, 어떻게 결혼이 행복할 수 있었을까. 모든 것이 남편 탓인 것 같았고, 점점 육아에 지쳐갔다.

혼자일 때도 지친 삶이었는데, 가족과 자녀까지 돌보는 일은 더 큰 짐이 되었다. 자신을 돌볼 힘조차 없는 나에게 가족은 너무나도 가혹한 무게였다. 몇 번이고 삶을 포기하고 싶었지만, 부모님과 아이들을 생각하면 차마 행동으로 옮길 수는 없었다. 그제서야 정신이 들기 시작했다.

나는 죽을 수 없는 몸이라는 것을 깨달았다. 내 몸은 내 것이 아니라, 부모의 것이고 자녀의 것이었다. 죽을 수 없다면 살아야 했다. 이왕 살아야 한다면, 삶을 바꾸어야 했다. 하지만 행복하지 않은 삶을 어떻게 바꿀 수 있을까. 그 방법은 무엇일까. 내가 원하는 행복은 어디에 있는가.

나는 파랑새를 쫓기 시작했다. 그러나 그 파랑새는 외부에 있지 않았다. 먼 길을 돌아 찾은 파랑새는 결국 내 안에 있었다.

"글을 쓰면 삶이 바뀐다."

그 한마디에 나는 완전히 꽂혀버렸다. 어디에서도 찾지 못했던 해답이었고, 나는 무조건 써보기로 했다.

그렇게 시작한 글쓰기가 과연 내 삶을 바꾸었을까? 남의 글이든 내 글이든, 쓸 때는 몰랐지만 지금 책을 쓰고 나서는 확신한다. 오직 글쓰기가 내 삶을 바꾸었다는 것을.

글쓰기는 길을 잃은 나를 내면으로 인도했고, 외부의 파랑새를 쫓으며 너덜너덜해진 나를 내 안의 무궁무진한 보석 창고로 데려다주었다.

드디어 내가 바라보는 세상이 바뀌기 시작했다. 세상은 여전히 숨 막히게 빠르게 돌아가고 있지만, 내가 바라보는 세상은 더 이상 외롭거나 아프지 않다. 나는 무궁한 자신을 볼 수 있는 세상, 살아갈 가치가 있는 세상을 발견했다.

꿈이 없던 나에게 꿈이 생겼다

    매일 새벽, 남의 글이든 내 글이든 계속 써 내려가던 나는 어느새 새로운 인생의 문을 열고 있었다. 매일 반복되는 루틴의 힘은 내가 글을 쓰고, 책을 쓸 수 있다는 믿음을 심어주었다.
    그래서 마침내 책을 쓰기로 결심했고, 그 순간부터 나의 전투가 시작되었다. 처음 책을 쓰는 나는 마치 목숨을 건 싸움을 하듯 매일 몇 시간씩 컴퓨터 앞에 앉아 글과 씨름했다.
    잘 써지든, 잘 써지지 않든, 나는 엉덩이 힘으로 버텼다. 어떤 날은 술술 써졌고, 어떤 날은 한 줄도 쓰기 어려웠다.
    그래도 단 하나, '책 한 권만은 꼭 써보겠다'는 간절한 마음으로 세상의 비난과 비웃음을 견뎌냈고, 마침내 초고를 완성했다. 그 후 출판 계약이 이루어졌고, 절차를 따라 책이 출간되었다. 처음으로 책을 받아든 순간, 가슴이 벅차올랐다. 나에게도 책을 쓸 수 있는 능력이 있다는 사실이 놀라웠다.

　책 한 권을 쓰면서 나는 목표를 세우고, 계획하고, 실천하며, 결과를 이루는 방법을 배웠다. 인생에서 어떤 일이든 해낼 수 있다는 용기를 얻었다.

　《새벽독서의 힘》을 출간한 이후, 나는 '새벽의 거인'이 되었다. 매일 새벽, 나만을 위한 시간을 가지며 글쓰기에 빠져들었고, 꿈 너머의 꿈을 품게 되었다.

　아이러니하게 어릴때부터 죽음을 봐왔던 나는 요양원에서 근무하며 어르신들의 마지막 순간을 지켜보면서, 그 짧은 순간들을 의미 있게 만들고 기록하고 싶다는 마음이 들었다. 인생은 아름답고, 행복은 내가 만들어가는 것임을 깨달았다.

　요양보호사로 일한 지 3년, 나는 요양보호사로서도 성장했고, 작가로서도 성장했다. 몇 권의 공저와 개인 저서를 출간하며 나만의 길을 걸어왔다.

　요양보호사라고 꿈을 가지지 말라는 법은 없다. 오히려 요양보호사이기에, 어르신들의 마지막을 함께하며 더 많은 이야기를 쓸 수 있다.

　글쓰기는 꿈이 없던 나에게 꿈을 심어주었고, 꿈 너머의 꿈을 허락해 주었으며, 더 멋진 인생을 살아갈 수 있는 힘을 주었다.

나는 책 쓰는 요양보호사입니다

내 글이든 남의 글이든, 글을 쓰기 시작하면서 나는 몇 권의 개인 저서와 공저를 출간하게 되었다.

죽음을 두려워하기보다, 오히려 자신을 죽음에서 구원해 낸 나는 지금은 죽음과 가까이 지내고 있다. 그래서인지 죽음이 더 이상 낯설거나 두렵지 않고, 오히려 친근하게 느껴진다. 그 덕분인지 나는 자연스럽게 노인들에게 관심을 갖게 되었다. 한때는 내 생명을 누군가와 바꾸고 싶었던 시절도 있었다.

지금은 요양원에서, 삶의 끝자락에 계신 어르신들과 함께 이 세상의 마지막 단계를 동행하고 있다. 때로는 힘들고 지치지만, 그들에게 마지막으로 땀을 쏟고, 아름다운 기억을 남겨주고 싶은 마음이 크다.

나는 하루하루 최선을 다해 어르신들을 돌보며 만족감을 느끼는 요양보호사다. 때로는 부모님 같고, 때로는 할아버지 할

머니 같아서 더 마음이 쓰인다.

최근에 출간한 《나는 책 쓰는 요양보호사입니다》에서도 표현했듯이, 어르신들의 "고맙다", "애쓴다"는 한마디가 나를 행복하게 해주고, 그들을 위해 기꺼이 땀방울을 흘리게 한다.

자신이 정신적 죽음을 겪었기에 또 그 죽음에서 헤어 나왔기에, 어르신들의 죽음을 쉽게 대할 수 없고 그들의 죽음을 함께 준비할 수 있고, 마지막 순간에 최선을 다할 수 있다고 믿는다.

요양보호사는 아무나 할 수 있는 직업이 아니다. 적어도 어르신을 사랑하고 존중하는 마음이 있어야 한다. 그 마음만 있다면, 모든 것이 해결된다. 우리 요양원의 종사자들은 그런 마음으로 때로는 눈물을 흘리고, 때로는 웃으며, 어르신들과 함께 하루하루를 만들어간다.

나는 책 쓰는 요양보호사로서, 어르신들의 일상 속에서의 이야기와 그들과의 부대낌 속에서의 감정적 변화와 생각의 성장을 기록하고 싶고 그 속에서도 아름다운 동행을 기록하고 싶은 마음이다.

이 세상은 참으로 멋지고, 나는 최선을 다해 살았으며, 당당하고 행복하게 살았다고 말하고 싶다. 그리고 이 세상은 살맛 나는 곳이라고 자신 있게 말하고 싶다.

나는 책 쓰는 요양보호사다. 글을 쓰고, 자신을 돌아보고, 어르신을 돌보는 멋진 요양보호사다. 내가 나를 돌보지 않으면, 누가 나를 돌볼 수 있을까.

그리고 내가 나를 돌보지 않으면, 어떻게 어르신을 잘 돌볼 수 있을까? 책을 쓰기에, 나는 어르신을 더 행복하게 돌볼 수 있다.

자신의 구원자를 찾아서 떠난 시간

나는 나의 구원자를 찾아 거의 20년을 세상에서 방황했다. 이곳에 있을까, 저곳에 있을까. 그러나 "내가 너의 구원자다"라고 말해주는 사람은 아무도 없었다. 꿈속에서도 없었다.

그러다 문득, 이런 질문이 떠올랐다.

'내가 나를 돕지 않으면, 누가 나를 도우리?'

그제야 나는 깨달았다. 나의 구원자는 바로 '나 자신'이라는 것을.

그 누구도, 내가 버린 나를 대신 구원해 주지 않았고, 구원해 줄 수도 없었다. 오직 나만이 나를 버릴 수 있었고, 나만이 나를 다시 찾을 수 있었으며, 나만이 나를 구원할 수 있었다.

나는 나를 버렸듯이, 다시 나를 찾아냈다. 그 시작은 매일 새벽, 남의 글을 따라 쓰는 일이었다. 남의 글이든 내 글이든, 무조건 쓰기 시작했다.

글을 쓴다는 것은 나의 눈과 손과 뇌를 모두 나의 내면으로 끌어들이는 일이었다. 새벽, 아무도 방해하지 않는 고요한 시간. 오로지 나 자신을 위해 오감을 집중할 때, 나는 점점 내면 깊숙이 들어가기 시작했다.

그 안에서 나는 쭈그리고 앉아 울고 있는 어린 나를 보았다. 아파서 울고 있는 아이, 두려움에 떨고 있는 아이, 상처와 비난에 움츠러든 아이, 외로움에 견디고 있는 아이를 보았다.

그리고 한편에선 베일에 싸인 채 반짝반짝 빛나는 나 자신도 있었다. 나는 그 모든 나를 조심스럽게 어루만지며, 하나씩 베일을 벗겨주기 시작했다.

매일 꾸준히 이어간 필사와 글쓰기는 어느덧 나의 내면을 단단하고 꿋꿋하게 만들어주었다. 곰팡이 피고 상처 입은 내면을 꺼내어 빛에 말리고, 다시 빛을 향하게 하자 그늘은 서서히 사라지기 시작했다.

내면의 습기는 점점 걷히고, 마음은 뽀송뽀송하게 말라가며 기분 좋게 변화되었다. 자신에게 비춰지는 빛을 바라보며, 나는 더 큰 희망을 품기 시작했다.

자신을 잃으면 세상을 잃고
자신을 얻으면 세상을 얻는다

인생은 내가 보고, 믿고, 바라는 대로 펼쳐진다.

초반의 내 인생은 별 볼 것 없는 삶이었다. 인생이라기보다는 그저 태어났으니 살아가는, 의미 없는 흐름에 가까웠다.

하지만 그런 삶은 내가 원하는 인생이 아니었다. 나는 웃고, 사랑하고, 행복하게 살고 싶었다. 자신감이 없었기에 행복이 무엇인지도 모르고 살았고, 행복을 찾기 위해 멀고 먼 길을 돌아다녔다.

그러다 결국 만신창이가 된 채 자신에게로 돌아왔을 때, 그때부터 진짜 인생이 시작되었다. 행복한 인생은 멀리 있는 것이 아니다. 지금 내가 있는 자리, 지금의 생각, 지금 느끼는 감정이 바로 나의 인생을 만들어간다.

나는 지금을 행복으로 채워나가기로 선택했다.

내가 내 인생을 버렸고, 다시 찾았듯이, 나는 인생의 주인이다. 오직 내가 선택한 대로, 내가 생각하는 대로 인생은 펼쳐진다. 지금을 행복하게 만들기 위해 나는 새벽 시간에 자서전을 쓰고 있다.

지금을 더 빛나게 만들기 위해, 나는 해야 할 일을 기쁘게 완성해 나가고 있다. 때로는 미루기도 하고, 때로는 자신을 다그치기도 하지만, 해야 할 일을 해냈을 때 나는 행복하다.

그 사실을 알면서도 끝까지 미루는 날엔, 나는 행복하지 않다. 그래서 지금도 나는 자신을 잃지 않기 위해 매일 노력하고 있다. 내 글이든 남의 글이든, 계속해서 쓴다.

글을 쓰는 일은 나를 더 깊이 들여다보게 하고, 내 안에 숨겨진 보물을 꺼내게 해준다.

> "자신을 잃으면 세상을 잃고,
> 자신을 얻으면 세상을 얻는다."

이것은 내가 40년 인생을 살아오며 깨달은 진리다.

무엇보다 중요한 것은 '자신'이며, 나는 내 삶의 주인공이다.

02

일과 삶 사이에서 피어난 도전의 기록

송선숙

책을 사랑한 소녀, 꿈을 키우다
스물의 선택, 가정을 이루다
엄마에서 일하는 사람으로
위기를 함께 넘은 가족의 힘
쉰 중반, 다시 학생이 되다
나를 믿는다는 것

| 작가 소개

사회복지사

작가, 강사

자서전출판지도사

'당당한 나'로 살아가는 사람

| 연락처

이메일: sw703@hanmail.net

책을 사랑한 소녀, 꿈을 키우다

언제부터인지 어릴 적 모습을 생각하게 되면 가장 먼저 생생하게 떠오르는 모습이 있다.

마을에서 가장 끝자락 산 아래 집과 그 담장 아래 5월의 햇살이 가득한 멍석에 화려한 노란색 표지의 안데르센 동화집과 푸른 회색빛이 감도는 전래동화집 등 몇 권의 동화책을 펼쳐 놓고 무한하게 행복해하던 초등학교 2학년쯤의 여자아이의 모습이 떠오른다.

내가 다니던 초등학교는 우리 집에서 마을 한가운데를 지나 하나의 산등성이 너머에 있었다. 기억하기로는 산등성이 너머 사는 아이들은 학교를 출입할 때 정문이 아닌 후문으로 드나들었다. 처음엔 정문이 있다는 것조차 몰랐다. 그 후 정문은 읍내에 사는 아이들만 출입하는 것으로 알았다.

어느 봄날 학교를 끝나고 학교 구석구석을 탐색하던 나는 한 번도 가보지 않았던 학교 정문을 통해 우리 집을 가면 좋겠다는 생각을 해보게 되었다. 그러던 어느 토요일 오후 정문을 통해 집에 가는 친구를 뒤따라가게 되었다.

학교에 들어가서 처음으로 가보는 정문, 학교 정문 앞에는 많은 가게와 문방구, 그리고 단아한 이층집 등 산 너머에 있는 우리 동네에서는 보기 힘든 도시적인 분위기였다. 그 당시 내게 학교는 엄청 크고 넓어서 후문으로 가는 길 외엔 다른 길은 가볼 엄두를 내지 못했다.

학교 정문에 나서자 길다랗게 늘어선 학교 초입에는 예쁜 꽃들이 질서 있게 피어 있었다. 길다랗게 잘 정돈된 꽃길은 후문에서는 보지 못했던 길이었다. 그 길옆에 돗자리를 펴놓고 아저씨 한 분이 책을 팔고 계셨다. 책을 펼쳐놓고 있는 아저씨에게 다가가서 뭐 하는 건지 물어봤다. 아저씨는 동화책 이야기를 해 주셨다. 난생처음 보는 책과 이야기에 빠졌다.

콩쥐팥쥐가 나오는 전래동화와 미운 오리 새끼가 나오는 안데르센 동화집을 우리 집으로 가져가서 읽고 싶었다.

"아저씨, 이 책 다 우리 집에 가져다주세요."

나는 안데르센 동화집은 4,800원, 전래동화집은 3,600원 정도로 기억한다.

아저씨는 나를 앞세워 정문에서 반바퀴 이상은 돌아야 후문이 있는데 그 길을 따라 산등성이를 넘고 있었다. 아저씨가 연신 뭐라고 했던 것 같은데 기억은 안 난다. 아마 아저씨는 어린 꼬맹이 말만 듣고 따라나선 자신이 멋쩍었는지 모른다. 산등성이를 넘어서니 멀리 우리 집이 보였다. 우리 집은 동네 한복판을 지나 가야 한다.

그 당시 논에는 모내기가 한창이어서 동네 사람들이 모두 모여 모내기를 하고 있었다. 동네 품앗이였기에 우리 엄마는 분명 그곳에 계셨다. 엄마가 나를 보자 나는 손을 번쩍 들어 엄마에게 손짓했다.

바지를 무릎 위까지 걷어올리고 머리에 수건을 쓰신 여기저기 흙과 물투성이의 엄마가 논둑으로 다가왔다. 나는 엄마에게 책을 읽고 싶어서 학교 앞에서 책 장사 아저씨를 모시고 왔다고 말씀드렸다. 흙투성이에 얼굴이 땀으로 범벅이 된 모습으로 논에서 나온 엄마는 아저씨를 보고 인사를 하더니 나에게는 아저씨의 책을 받아서 집으로 가라고 하셨다.

무겁고 부피가 크다고 생각했던 그 책 뭉치를 들고 어떻게 왔는지 기억은 없다. 그리고 그날 엄마가 책 파는 아저씨와 어떻게 계산을 치렀는지도 모른다. 다만 그 당시 엄마의 하루 품삯, 그리고 쌀 한 말 가격이 2,500원 정도였다는 것을 어르신들의 생활 속 이야기에서 들었던 기억만 남았다. 수중에 돈이 없었던 엄마는 아마도 며칠 품삯을 선불해서 책값을 치르셨을 것이다.

이후 청소년이 되었다. 가난하면 불편할 수는 있지만 차별받는다는 것을 몰랐던 나는 몇몇 선생님들이 편애한다는 오해 속에서 가난을 이해하기 시작했다. 평소 글짓기 대회에 글을 써 내고 상을 받았던 나는 서울에서 전학 온 아이가 생기면서 상황이 많이 바뀌었다. 언제나 말끔하게 차려입고 세련되어 보이는 그 아이는 말도 또박또박 잘했고, 글짓기도 잘했다. 그러다 보니 발표 대회나, 글쓰기 대회가 있으면 선생님은 그 친구에게 준비하라고 했다.

어느 날 전교생 글짓기 대회에 반 대표를 뽑는데 종례시간에 노래 부르기로 해서 잘하는 사람으로 정한다고 했다. 당연히 노래 대결은 그 친구와 나 둘이었다. 나는 반 친구들 앞에 나가서 먼저 노래를 불렀는데 노래 마지막 구간에 목이 메어 간신히 마무리했던 기억이 난다.

아마도 노래를 부르지 못하는 내가 억지로 부르려니 서러움이었을 것이다. 글짓기와 노래가 무슨 관계라고. 지금 생각하면 글짓기 대회 나가겠다고 교무실까지 찾아가서 항의했던 내 모습에 선생님은 적잖이 당황했을 것이다.

지금 나는 글짓기와 노래의 관계를 이해한다.

우리 동네에서 땅 부자집 딸 미연이는 공부를 곧잘 해서 내가 은근히 부러워했다. 어느 날 귀가길에 그 친구는 자기 오빠와 담임선생님이 사범대 동기라서 오빠의 부탁으로 주말마다 공부를 배운다고 했다. 그 당시 나는 선생님은 누구에게나 공정할 거라는 편견이 깨졌다.

"너는 집이 어려우니 장학금을 받을 수 있는 신설 고등학교에 가면 부모님께도 도움될 수 있겠다"며 나를 걱정해 주는 담임선생님의 말씀을 어기고 싶었다.

나는 나를 우려하는 어른들의 만류를 뿌리치고 3교대로 일하는 방직공장 산업체학교를 선택했다. 나는 새로운 세상에서 가난한 집을 벗어나 돈도 벌고 공부도 할 수 있다는 희망을 가지고 열심히 했다.

어린 나이에 노동 현장은 쉽지 않았다. 자고 싶을 때 잠을 자지 못하고 솜먼지 폴폴 날리는 무더운 열기의 현장에서 야근할 때는 가루커피 입에 털어 넣고 견뎌야 했다. 그렇게 받은 월급을 꼬박꼬박 시골집에 보내드리고 엄마는 내가 보내드린 돈을 보태어 논을 사셨다.

나는 나의 학교생활과 현장 생활에 대한 고단함을 글쓰기를 하며 위로 삼았다. 생각해 보면 선생님에 대한 오기였다고 말했지만 솔직히 내가 할 수 있는 최선의 방법이었다. 어린 시절

어려운 집안살림에 책장사를 데려왔어도 꾸지람 대신 책 좋아한다고 자랑하셨던 엄마, '팥으로 메주를 쑨다고 해도 너를 믿는다'고 했던 엄마에 대한 내 방식의 효도이기도 했다.

지금 생각해도 나는 나의 선택과 경험을 후회하지 않는다.

스물의 선택, 가정을 이루다

20대 초반, 글을 쓰겠다고 글쓰는 모임을 기웃거리며 방황하던 내게 사촌 오빠는 친구를 소개해 줬다. 카페에서 만난 오빠 친구는 보기에도 딱 성실함이었다.

이야기 도중 테이블 위에 올려진 두 손의 엄지손톱이 망설이던 내 마음을 붙잡았다. 엄지손톱은 성실하고 부지런하다는 어른들의 말씀처럼 짧고 뭉툭하였다. 단단하고 현실적인 손톱 모양에 마음을 먹고 그 후 결혼까지 했다.

손톱 모양 하나에 그런 결정적인 선택을 하게 된 것은 나의 어린 시절부터 성장에 이르기까지 내가 겪어온 과정의 영향일 수 있다. 나는 진심이었다. 남편은 손톱의 믿음처럼 성실하고 우직하고 책임감이 강한 사람이었다. 우리 아버지께서 돌아가실 때까지 누구도 믿지 못하지만 둘째 사위 믿고 눈을 감을 수 있다고 말했을 정도이니 말이다.

내가 결혼을 마음먹었을 때 시아버님은 위암 말기 수술을 받으시고 몇 년째 투병 중이었다. 나는 아버님을 보고 온 후 결혼을 서두르기로 마음먹었다. 아버님께 해드릴 수 있는 가장 기쁜 일이라고 생각했다. 어머님은 결혼을 서두르는 나를 철없이 보채는 며느리로 이해하시고 정 함께 살고 싶으면 동거를 하라고 했다.

   그 당시 시장에서 하루 벌어 5남매를 혼자의 힘으로 키워오신 어머님은 아들이 결혼한다는 소식에 달가워하기보다는 부담스러웠을 것이다. 특히 늦깎이 대학생이던 아들이 졸업하고 직장 다니면 월급 타서 살림에 보태고 결혼을 할 것이라는 기대를 가졌는지도 모른다.
   그렇지만 우리는 그 해를 넘기지 않으려고 12월 22일 결혼식을 했다. 남편은 그 이듬해 졸업을 하고 취직을 했다. 나도 결혼전 다니던 직장을 다니며 맞벌이를 했다.
   나는 결혼 후 매일 퇴근하고 아버님을 뵈러 갔다. 집에 누워 계시는 아버님께 특별히 해드릴 것은 없었다. 종일 혼자 계시는 아버님에게는 이야기가 최고였다.
   어느새 나는 수다스런 며느리가 되었다. 동네 가게 아주머니 이야기, 동네 공사하는 이야기, 마을버스에서 있었던 이야기 등, 정신이 온전하신 날이면 아버님은 밤늦게 시장에서 돌아오신 어머님께 내게 들은 동네 이야기를 해드렸다고 했다. 그렇게 반년 정도 지나 아버님은 돌아가셨다. 어머님은 아버님이 며느리를 무척이나 기다리고 좋아하셨다고 했다. 긴 병에 지쳐 무뚝뚝해진 자식들의 눈치를 보시던 아버님께 수다스런 며느리는 아버님에 대한 연민이었는지 모른다.

결혼 후 1년 반 만에 첫아이를 낳았다, 그리고 둘째 아이가 태어나기 전 서울 마포에서 경기도 시흥이라는 곳으로 이사를 했다. 둘째 출산을 하면서 다니던 직장을 그만두었다. 그리고 연년생으로 셋째가 태어났다.

나는 어느새 아이가 셋이 되었다. 세 아이를 키우며 나도 남편도 아이들과 함께 성장을 했다. 그리고 아이들이 언제든 기대고 비빌 따뜻한 언덕이 되어주고자했다.

나는 첫째 딸아이에게 동생들에 대한 책임감을 주어질까 봐 늘 조심했다. 세 아이를 어린이집에 보낼 때도 고민했다. 그래서 첫째는 둘째와 셋째가 다니는 곳에 보내지 않았다.

어린이집을 따로 보낸다고 큰아이가 동생에 대한 책임감이 없어지는 것은 아니지만 조금이라도 덜어 주고 싶었다. 그것은 동생이었던 내가 언니에게 들었던 말을 기억하고있기 때문이다.

나는 네 자매 중 둘째이다. 두 살 터울인 언니는 든든한 부모 같은 존재였다. 부모님이 일하러 가시면 동생들을 돌보고 밥을 챙겨주며 집안일을 도맡아 했다. 그 당시 나는 언니가 그렇게 믿음직스럽고 든든할 수가 없었다. 천둥 번개 치는 밤에도 언니가 옆에 있으면 든든했다.

어느 날 나에게 자랑스럽고 뿌듯했던 언니가 말했다.

"너무 힘들었다. 너희들 때문에 도망가고 싶었다"

엄마에서 일하는 사람으로

 시흥으로 이사를 온 지 3~4년 동안 아이들만 키우다 보니 견딜 수가 없었다. 몇 년이 지났어도 낯설기만 한 지역에서 어디서 무슨 일을 해야 할지 몰라 '벼룩시장' 광고를 수도 없이 보고, 보고 또 보았다.
 그런 노력 끝에 두세 곳의 일을 거쳐 본격적으로 일을 시작하게 된 서른 중반, 비영리법인인 단체의 소식지를 발행하는 파트타임으로 일을 하게 되었다. 그 시작이 지금의 나를 이끌고 왔다.
 소식지를 만드는 일은 단체의 프로그램을 제대로 이해할 수 있어야 하는 일이므로 파트타임 근무로는 파악할 수 없었다. 그 소식지에 들어가는 모든 일을 해야 되는 것이었다. 그렇지만 나는 그 일을 사랑했다. 누가 시키지 않아도 종일 근무하기 일쑤였고, 밤늦게까지 일하는 것도 마다하지 않았다.

소식지 만드는 일은 그중 아주 작은 일에 불과했다. 그렇게 나는 그곳에서 지금까지 그 일을 사랑하고 있다. 오해일 수 있지만.

"경험을 쌓기 위해서", "좋아하는 일을 하기 위해서"라는 이유로 나는 열정적이었다. 일을하다 보니 사회복지사 자격이 필요했다. 그래서 2006년 전문학사로 사회복지사를 취득하였다.

그렇게 시작된 사회복지사의 길.

사회복지 공부와 현장은 나를 늘 곤경에 빠뜨리고 위축되게 하고 늘 혹독했다. 사회복지사로 정식으로 일을 하고 나서 얼마 지나지 않아서의 일이다.

행사 하루 전 해결되지 않은 일을 남겨두고 모두 퇴근했다. 나혼자 남아서 간신히 해결하고 퇴근하려다 보니 밤 12시였다. 다음 날 누구도 어떻게 행사 준비가 되었는지 알려고 하는 사람은 없었다. 하지만 그때 초보 사회복지사가 가졌던 책임감과 사명감은 지금까지 이 일을 지속하고 있는 중요한 마음가짐이라고 생각된다.

기억 둘, 책임감이 강하다는 이유 때문인지 법인에서 푸드뱅크로 발령을 내주었다. 모두 경험이 부족하다고 우려했지만 나는 전국에서 모범적인 푸드뱅크 운영으로 푸드마켓을 설치

하는 정부 지원 사업을 획득하였으며, 그 공적을 인정받아 2년 만에 보건복지부 장관상을 수상했다.

푸드뱅크업무 2년 반 만에 나는 법인에서 다시 발령을 받았다. 시간이 지난 지금도 이용자, 자원봉사자, 후원자를 만나면 그때의 열정적이었던 활동을 함께 기억해 주었다.

위기를 함께 넘은 가족의 힘

　첫아이가 초등학교 3학년 반에서 학급회의를 하고 왔다고 했다. 그때부터 우리 집은 무슨 일이든 가족회의를 통해서 결정했다. 집안 가구 배치, 대청소, 가전제품 구입, 여행, 집안 경제 등 모두 가족회의를 통해 공유하고 논의하고 결정했다.
　부모가 일방적으로 정하는 게 아니라, 아이의 의견도 존중받는 경험을 갖게 하고 스스로 결정한 일에 책임을 지도록 하기 위해서였다. 심지어 집안의 대출 상황도 공유하였다. 집안의 경제 상황을 공개하다 보니 아이들은 부담스럽다고 공개하지 말라고 요청했지만 우리는 지금까지 공개한다.
　우리 집은 함께 만들어가는 곳으로 도와주는 역할이 아니라 함께 한다는 공동체 의식을 가져야 한다고 생각했다. 그래서 위기 때마다 가족의 힘으로 우리는 다시 회복되는 경험을 했다.

아이들이 초등학교 중학교 다닐 때 내게 회사에서 위기가 닥쳤다. 내가 법인으로 발령을 받은 지 한 해가 지난 후이다.

특히 집으로 보내온 우편물에는 '사무국장 직무정지, 사직해야 할 이유 10가지' 등을 작성하여 보내왔다.

가족회의를 했다. 가족들은 우편물 내용에 하나라도 해당 사항이 없다면 힘들지만 싸우면서 버티라고 했다.

중학생에 다니던 아들은 '어른들이 초등학교 때 친구들 같다'고 했다. 쉽지 않은 하루하루였지만 결국 1년 반 만에 일단락 지어졌지만, 그 후유증은 몇 년을 지났지만 지금도 그때의 상처가 한 번씩 아릿하다.

나의 일이 일단락되자 남편에게도 위기가 찾아왔다. 기업에서 재경팀 총괄 임원이었던 남편이 직원의 공금 횡령으로 책임을 지게 되었다. 그때 아이들은 실의에 빠진 아빠를 위해 끊임없이 이벤트를 해 주었다.

나는 탄원서를 작성하고 회사에 청춘을 바친 회사에 정상복귀를 요구했다. 다행히 회사에서는 남편의 업무 성과에 대한 인정을 보상받기로 하고 마무리되었다.

그때 나는 남편을 위해 탄원서를 썼다.

그 탄원서는 그동안의 우리 가족이 살아온 과정이 고스란히 담겨있었다.

존경하는 검사님께

오늘도 공정한 법 집행을 위해 애쓰시는 검사님께 공손한 경의를 표합니다. 현재 재판 진행 중에 있는 회사 공금 횡령에 대한 사건을 지켜보는 저는 피고인 장**의 아내입니다. 결혼 23년에 이르면서 한 번도 남편으로 인해 마음 아프고 상처받지 않고 살아왔습니다.

세 아이들을 키우며 시댁과 친정, 두 집안의 장남 노릇을 하며 생활을 책임지며 말 그대로 성실하고 우직하게 25년여를 한 직장에 몸담아 살아왔습니다.

한 번도 일확천금을 꿈꿔본 적도 없고, 심지어 혹시나 운이 따르지 않을까 복권 한 번 사본 적 없는 그저 노력한 만큼 벌어서 사는 사람입니다.

단돈 2백만 원으로 결혼생활을 시작하여 맞벌이로 지금은 두 아이 대학교 보내고 막내는 고3으로 대학을 앞두고 있습니다.

늘 꿈꾸기를 아이들이 대학 졸업할 때까지는 직장생활을 하리라 믿으며 성실하게 살아왔는데 하루아침에 직장을 잃고 심지어 부하직원의 공금 횡령으로 원금 일부와 벌금, 그리고 변호사 선임비를 지불하며 신혼 초 2백만 원으로 시작했던 그 순간으로 돌아간 상황입니다. 또한 시댁과 친정까지 가장 노릇하던 남편은 내색도 하지 못한 채 전전긍긍하고 있습니다.

그래도 그때는 희망을 꿈꿀 수 있는 젊은 시절이었지만 지금은 희망을 갖고 새로운 일자리를 갖는 것도 어려운 처지에 이르렀습니다.

존경하는 검사님..

부하직원의 공금 횡령을 나중에 알고서 그 당시 눈감아주고 해결하려고 했던 것은 세 집안의 가장 노릇을 해야 했던 제 남편이 직장에서 관리 부주의로 책임지고 직장을 그만둬야 한다는 것에 내린 순간적인 결정일 것입니다.

올곧았던 사람이 스스로 양심에 걸려 지난해부터 유난히 소화불량과 스트레스로 하루도 편히 지내지 못한 것은 단순히 업무로 인한 과로보다 그로 인한 마음의 병이었다는 것을 뒤늦게 알고 저는 너무도 마음 아파 통곡하였습니다.

저희 가족은 하루하루 가슴 졸이며 살고 있습니다.

부디 늦은 이제라도 마음을 회복하고 새 일을 찾아 세 집안의 가장으로 다시 설 수 있도록 검사님께서 따뜻한 인정을 베풀어주실 수 없는지요?

끝으로 검사님의 가정에 따뜻한 평화가 있기를 진심으로 기원합니다.

2014. 7. 9   탄원인: (인)

쉰 중반, 다시 학생이 되다

 나이 50대 중반이 넘어 학생의 신분으로 학업에 정진하는 자세를 갖게 되었다. 오랜 망설임 끝에 선택한 대학원, 합격문자를 확인하고, 얼마나 가슴뛰는 순간이던지.
 대학원 입학을 위해 자기소개서를 쓰면서 나를 돌아보았다. 그리고 지나간 시간을 통찰하는 시간이 되었다. 이곳에서 2006년 사회복지사 자격을 취득하고 제대로 된 슈퍼비전도 받지 못한 채 혼자서 눈치를 살피며 겪어왔던 시간, 그렇게 20년이 넘었다.

 한번씩 학문을 위해 도전을 계획하면 시작도 하기 전에 100가지가 넘는 이유가 포기하게 했다. 어느 순간 그때 그때 발생하는 일만 해결해 나가는 도구적인 사람이 되어가고 있다는 걸 느낀 순간, 다시 용기를 냈다.

주변에서는 '열심히 하더니 인정받는 자리까지 갔으니 이제 놀면서 해도 되지 않느냐'고 말했지만, 평소 남모르게 위축되었기에 용기를 내었다.

주변에서는 웬 공부? 이제 곧 정년인데?

'진작에 시작하지, 나이 먹고 무슨 고생을 사서 하려고 하냐!' '나도 예전에 당연하다고 생각해서 공부해봤는데 별거 없더라' '지금도 충분한데 뭐 하러 돈 버리며 사서 고생하려고 해?'라며 다들 우려를 했지만 나를 응원해주는 가족들,

단 1초의 망설임 없이 입학등록금을 보내주며 짧은 손가락 하트를 날려주는 남편, 엄마의 지나간 세월을 이해하며 힘찬 응원을 보내주는 아이들, 그리고 나의 지나간 시간 틈틈이 함께하며 용기를 주었던 소중한 사람들의 응원에 힘을 더 얻었다.

대학원 석사과정 2년 동안 나에게는 정말 엄청난 일들이 일어났다. 2023년 4월 둘째 딸아이 결혼, 그해 7월 친정엄마와 이별, 이어서 8월 나의 갑상선암 수술, 다음 해 1월 둘째 딸아이의 출산과 큰딸 결혼, 그리고 나의 졸업.

지극히 개인적인 상황들이었지만 매 학기마다 인생의 축이 흔들리는 경험을 맞이했다. 100가지가 넘어서 포기했던 이유보다 더 큰 일들이 일어났지만 나는 끝까지 포기하지 않았다.

대학원 과정은 전문적인 지식과 기술을 습득하여 연구를 수행하고 논문을 발표하는 학문적 성장은 이루지 못했지만, 개인적인 관점 확장을 통하여 사회변화를 위한 사회적인 역할로서의 책임감은 더 커졌다.

학습은 나에게 실천으로부터 한 걸음 떨어져 사회복지에 대한 생각을 키워주는 과정이었으며, 현장에서의 다양한 상황을 대처할 수 있는 능력을 키우는 과정이었다. 또한 내가 알고 싶은 현상에 대해 나만의 방식으로 접근하는 연구방법을 찾았다. 현장실천가로서의 막중한 책임감을 갖게 하는 과정이었다.

'유능한 목수는 굽은 나무도 요긴하게 쓴다'고 한다. 각자의 독특한 장점과 능력을 가지고 있는 이들의 개인의 특성을 긍정적으로 바라보는 시선을 배웠다. 그리고 그동안 포기하게 했던 수많은 핑계가 나를 이기게 하는 동력이 되었다. 지금까지 사회복지현장의 다양한 분야에서 뛰어난 실무능력은 아니더라도 적극적 사고와 일에 대한 책임감, 결정된 일에 대한 강한 추진력은 나의 내적 자산이다.

나를 믿는다는 것

지금까지 23년을 넘게 한 조직에서 일을 하다 보니 크고 작은 일들은 수도 없이 일어났다. 하지만 언제나 일보다 더 힘들게 하는 것은 사람이었다.

10여 년 전 임기 1년을 남겨두고 단체장이 내부의 갈등으로 사임서를 제출하면서 총회가 3회 연속 무산되었던 적이 있다. 사상 초유의 사태를 맞았던 그 당시 소통과 공유, 가치와 비전, 객관적으로 바라볼 수 있는 지역 문화가 절실함을 갖게 했다.

갈등을 풀어내기 위해, 한쪽에서는 갈등의 원인이 되었던 회장 사임을 철회하고 사임을 결정하게 된 그 요구를 받아들여 주고 그 상황을 원점으로 돌려야 모든 갈등은 해결된다고 주장하는 측과 이미 회장 사임은 본인 의지로 사임을 결정하고 통보해온 만큼 사임에 대하여 논의할 근거나 규정이 없으며 현재 운영에 대한 평가와 점검을 통해 새로운 활동 방향을 모색하고 논의하는 것이 건강한 조직으로 거듭나는 것이라는 측과 의견이 일치되지 않아 고전했다.

갈등을 바라보는 의견에 공정성과 객관성은 크게 의미가 없어 보였다. 내부적인 갈등의 원인이 무엇인지, 단절된 소통의 원인이 무엇인지 해결하고 풀어야 할 문제를 보기보다는 갈등을 더욱더 증폭하는 잘못된 전달이 이용되고 있었다.

우리는 갈등을 바라보는 관점도 달라져야 한다. 개인적인 관계로 바라보는 관점을 객관성을 가지고 한 발 물러서서 바라보는 시각이 필요하다.

지역에서 이웃으로 살면서, 함께 일하는 동료로 살면서 객관성을 유지한다는 것은 정말 어렵고 힘든 일이다. 우리가 시도 때도 없이 들이대는 기준 객관성을 국어사전을 보면 '주관으로부터 독립하여 존재하는 대상 자체에 속하여 있는 성질, 또는 주관에 좌우되지 않고 언제 누가 보아도 그러하다고 인정되는 성질'을 말한다고 되어 있다.

본능적으로 나와 가까운 사람에게 지나치게 관대하다 보면 그가 판단하는 일들이 정말 옳지 않아도 그 관계의 지속적인 유지를 위하여 그 행동에, 그 말에 동의하는 일들이 생긴다. 그것은 그에게 인간적으로 좋은 사람으로 인식해주고 싶은 숨겨진 본능일지도 모른다.

2002년 운영법인의 파트타임으로 시작해서 이동목욕봉사센터, 재가노인, 푸드뱅크, 지역자원봉사, 법인사무처에서의 다양한 사회복지 분야에서 발로 뛰며 지나온 시간. 그 시간을 인정받아 법인에서 새롭게 위탁받는 노인복지관 관장으로 가게 되었다.

결정되는 과정은 쉽지 않았다. 그러나 지금까지 내가 해왔던 나의 가치와 철학이 빛을 발할 수 있는 순간이라고 믿는다. 지금까지 내가 해온 것처럼, 내가 만나는 누구든지 존엄한 일상을 누릴 수 있도록 노인을 위한 기관으로 자리매김하겠다. 사업을 실적과 형식에 얽매이지 않고 경쟁과 효율 중심의 사회가 아닌 공존과 인간중심의 가치를 실현하도록 할 것이다.

일터에서 만나는 누구든지 기관의 입장이 아닌 함께 협력하는 동반자로 개인적인 경험과 가치관을 바탕으로 함께 이웃하며 살아가도록 할 것이다.

03

나의 온도

김선화

차가움 속의 나
세상에 뛰어들다
온도의 균형을 배우다
나의 온도는 나의 역사다
인간의 체온을 지키며

Ⅰ 작가 소개

영산대학교 아동.가족상담학과 겸임교수

청소년지도사

자서전출판지도사

아동권리교육강사

옴니버스 인생 책쓰기 공저 작가

Ⅰ 연락처

이메일: kksshh2259@naver.com

블로그: https://blog.naver.com/sunhwagiyo

차가움 속의 나

'마음을 열어 하늘을 보라
넓고 높은 푸른 하늘
가슴을 펴고 소리쳐 보자
우리들은 새싹들이다.'

 나의 어렴풋한 첫 기억은 누군가의 등에 업혀 논둑길을 걷던 장면에서 시작된다. 따사로운 햇살 아래, 흙냄새와 풀 냄새, 그리고 공기 속에 농약 냄새가 스며 있었다. 그 냄새는 이상하게도 무섭고 익숙하다.
 지금 돌이켜보면, 그 순간이 내 삶의 냉기와 온기가 처음으로 교차하던 때였는지도 모른다. 그 이후의 기억은 내 기억이 아니다. 엄마가 나를 임신했을 때, 마을 사람들이 모여 '꿩 탕'을 끓여 먹었는데, 엄마는 냄새가 좋아 그중 하나를 건져 먹었다고 한다. 그런데 나를 낳고 보니, 내가 '응애, 응애' 울지도 않고 '펭~ 펭~' 하고 울었다는 이야기에 난 따뜻한 온도를 느낀다.

어린 시절, 집 안 공기는 늘 차가웠다. 한겨울에 따뜻한 물이 아닌 꽁꽁 얼어 있는 얼음을 깨서 그 물을 퍼서 머리를 감는다. 나의 머리는 곧 꽁꽁 얼음이 되었다.

겨울 새벽, 밥 짓는 냄새보다 먼저 나를 깨우는 건 서늘한 공기 속에 울려 퍼지는 엄마의 날카로운 목소리다. 마당을 쓸고 있던 엄마는 아침밥을 준비하라고 한다. 그럼 난 속으로 '마당은 우리에게 청소하라고 하고 아침밥은 엄마가 준비하면 될 텐데'라고 소심하게 생각한다.

감정을 표현하는 일은 어렵다. 아버지의 술버릇으로 인해 집안의 기류는 늘 긴장감으로 가득했다. 울음은 약함으로, 웃음은 불안함으로 온도는 차가웠다. 아버지가 술을 마시지 않은 날은 집이 조용하다.

'초등학교 저학년 때 아버지는 자전거 뒤에 나를 태워서 학교에 데려다주었다.'

중학교 때부터 고등학교 1학년까지 교복을 입었다. 그때는 모두의 온도는 미지근했다. 사복을 입기 시작하면서 온도는 차이 나기 시작했다. 각기 다른 멋으로 교실은 단풍으로 물이 들었다.

나는 고개를 숙였고, '자존심'을 방패 삼았다. 나름 고독을 씹어야 하고, 웃음을 줄이고 시를 적고, 음악을 배경으로 얼굴은 카리스마로 날이 서 있다.

따뜻한 말을 듣고 싶었지만, 결국 누구에게도 내 온도를 보여주지 못한 채 청소년기를 보냈다.

어느 날 거리에서 누군가 내 이름을 다정하게 불렀다. 그 소리에 나는 눈물이 났다.

온도란 주어지는 게 아니라, 마음에서 '느껴지는 것'이라는 걸 그날 이후부터 난 사람의 표정, 말투, 손짓에서 온도를 읽는 법을 배우기 시작했다. 내가 인지하고 있던, 인지하고 있지 않았던, 그것이 지금까지 나를 지탱하는 감각이 되었다.

세상에 뛰어들다

　빨리 돈을 벌고 싶었다. 조금이라도 가정에 보탬이 될 수 있다면, 가정의 빈곤을 원망하지 않았다. 주어진 환경에서 내가 지금 할 수 있는 일은 무엇인지 이때부터 난 앞만 보고 나아갔다.

　고등학교를 졸업하고 주산학원에 면접을 봤다. 내일 출근해야 하는데, 눈을 떠보니 병원에 누워있다. 학원에 전화해서 '저 병원에 입원해 있어요.'라고 사정을 말해야 하는데 전화번호가 기억나지 않는다. 나의 기대와는 달리 세상은 그렇게 단순하지는 않았다.

　예상하지 못한 맹장염 발병으로 나의 취직은 무산이 되었고, 일할 곳을 다시 찾는다는 건 쉽지 않았다.

　왜 나에게 이런 고통을 주십니까?

나는 그 온도에 데이고, 때로는 화상을 입었다. 지금 돌이켜 보면 그 열정의 시절은 내 삶을 가장 뜨겁게 만든 시간임을 안다.

'악으로 깡으로'
'젊음아 퍼져라!'
'귀신이다!'
'무박 산행'
'한라산 백록담'

열정은 언제나 대가를 요구한다. 일주일을 집에서 회사로, 회사에서 집으로의 일상을 반복하다, 토요일은 배낭으로 메고 산으로 향했다. 유일하게 나를 숨 쉬게 만드는 활동이다.

아버지는 술이 없이는 생활이 어렵다. 술에 의존할수록 우리 집은 위태위태하다. 어떤 날은 막내를 업고 숨바꼭질을 한다. 검은 그림자가 다가온다. 입을 틀어막는다. 갓난아기인 너도 아는지 울지도 않는다.

내가 성장했던 마을은 담장이 없다. 저 멀리서 큰 소리가 나면 그 소리는 마을 안으로 메아리친다. 싸우는 소리는 비밀이 없다.

집 밖에서 싸우는 소리는 엄마가 싸우는 소리, 집안에서 싸우는 소리는 오 남매의 아버지 목소리, 그 속에 한 많은 여자의 목소리와 아이들의 울음소리가 합쳐져 난리다.

당연하게 이런 모습으로 살아가는 줄 알았다. 따뜻함이 언제 차가운 온도로 변할지 모르는 긴장감 속에서 살아가는 줄 알았다. 주변의 친구들이 우리 집 주변을 탐색하거나, 자기 부모로부터 우리 집 이야기를 전해 듣고 쳐다보고 수군거려도 그렇게 살아가는 줄 알았다.

능력 밖의 일을 잘하고 싶고, 온도를 느끼지 못하는 동생을 챙기고 싶었다. 나는 그때 알지 못했지만, 누군가에게 관심받고 있다는 마음이 전달되면 그 온도로 인해, 삶의 균형이 달라질 수 있음을 배웠다.

아침에 등교하는 친구들을 보면서 엄마가 일하는 건설 현장에서 동생을 업고 있는 소녀, 산수를 몰라 4자리수 숙제를 8자리 수로 숙제를 해서 칠판에 이름이 적혀 벌 청소를 해야 했던 소녀.

그때 누군가가, 나한테 한마디를 던져 주었다면,

"힘들지? 네 마음 이해해"라는 작은 말이 온도가 될 수 있음을. 힘없는 소녀가 악으로 차가운 온도에 갇혀 어깨에 짐을 지고 있었다. 정작 나란 존재에 대한 내 마음의 체온을 재보지 못한 채로, 나의 온기를 잃지 않으려고 애썼다.

일을 마치고 집에 갈 때는, 동생들이 먹을 간식을 사 들고 들어갔다. 나를 보는 것이 아니라 손을 먼저 쳐다보는 동생들, 모두가 느끼는 온도는 달랐다.

"온도는 자신을 태우고, 관계를 얼려 버린다."

사회생활을 하면서 나도 머리가 컸다. 내 생각을 말하고 내 주장을 말하고 싶었다. 팝송을 따라 부를 때 아버지는 욕한다고 말을 했다. 청소년기를 보내면서 나의 온도는 요동을 쳤다. 좌절하고 실패의 시간도 많았다.

누군가는 나를 냉정하게 평가했고, 누군가는 떠나갔다. 병원에서 산소마스크를 쓴 채 숨을 몰아쉬는 아버지, 집에 널린 빨래를 걷으라고 누군가 말을 했다.

친구 전화가 왔다.

"왜 안 오냐고, 시간을 왜 안 지키냐?"라고 난 아무 말도 하지 못했다.

지금도 난 아버지라는 말을 못 한다. 세상을 향해 닫혀 있던 나의 마음으로 친구도 떠났고, 오 남매의 아버지도 떠났다. 뜨거움과 차가움의 사이, 불을 지피되, 타지 않게 하는 지혜를 나는 몰랐다.

온도의 균형을 배우다

'삶은 언제나 온도를 묻는다.'

내가 어릴 적에 살아온 환경을 돌아보면 가정과 사회가 차가워서 나도 차가워졌다고 믿었다. 누군가 무심하게 던지는 말 한마디에 쉽게 얼어붙고 상처받았다. 이불을 뒤집어쓴 채로 소리 내어 울었다.

진심을 건네는 일은 늘 조심스러웠다. 상대방이 상처받지 않을까, 다음 나를 멀리하는 건 아닌지, 나의 말에 비웃지는 않을까 목소리를 낼 수가 없었다. 그러나 성인이 되어 배움을 통해 난 깨달을 수 있었다.

온도는 세상이 정하는 것이 아니라, 내가 조절하는 것이라는걸, 이전에 난 내가 배운 지식이 옳다고 생각했다. 누군가 다르게 말하는 의견에 귀를 막고 나의 주장을 펼친다.

흔들리지 않는 마음, 변하지 않는 관계, 일정한 열과 냉의 경계선, 하지만 현실의 삶은 늘 예고 없이 변주를 날린다. 바닥에 앉고 싶을 때 누군가는 내게 다가와 온기를 주었고, 또 누군가는 이유도 없이 멀어지며 차가운 공기를 남겼다.

그 사이에서 나는 배웠다.
온도란 일정하게 유지되는 것이 아니라, 끝없이 조절해야 하는 감각이라는 것을.

사람과 소통하는 관계 속에서 '따뜻함'이 때로는 '부담'이 되고, '차가움'이 오히려 '존중'이 될 수도 있음을 경험했다. 전화 상담을 경험하면서 누군가의 슬픔에 너무 깊이 스며들어 내 마음이 온도가 타버린 적이 있다. 아픔을 몸으로 표현하였다. 나의 고통과는 달리 거리를 두면 모든 것이 나를 향한 비난처럼 느껴졌다.

그래서 나는 온도를 조금씩 낮추기도 하고, 때로는 손끝으로 다시 불씨를 살리기도 했다. 그 과정은 오래 걸렸고, 지금도 진행 중이다. 혹자는 조금 성장한 내 모습을 보기도 한다.

어느 순간부터 자주 하는 말이 있다. 피곤할 때, 억울할 때, 사랑할 때, 외로울 때, 자신의 존재가 무가치하게 느껴질 때, 어느 순간 나는 나의 온도를 잰다.

뜨겁게 사랑하되, 타지 않게,

차갑게 단념하되, 얼지 않게,

그것이 나에게 던져진 숙제였다.

그리고 얼어서 녹지 않을 것 같은 상대를 품에 안아야 할 소명이 있는 당신의 숙제이다.

돌이켜 보면 성인의 온도는 관계 속의 온도이자, 삶을 버티게 하는 내적 회복력의 온도이다. 상담하면서, 인터넷에 빠져 하루를 보내는 아이들을 만났다. 처음엔 마음을 닫고, 화면 속 세상만 바라보던 아이들이었다.

하지만 나는 조용히 다가가, "오늘 하루 많이 힘들었지?"라고 물었다. 그 작은 온도, 단 한 번의 인정이 아이가 스스로를 돌아보고 세상과 연결될 수 있는 첫걸음이 되었다.

아내의 온도에서 엄마라는 이름의 온도로, 아들과 딸의 출생, 뜨거운 생명 에너지의 분출, 그건 단순한 생명의 탄생이 아니라, 내 삶의 온도가 완전히 새로 조정되는 순간이다.

"용광로가 분출하면서 아이들이 태어났다."

아들과 딸의 울음소리를 처음 들은 순간 나는 온도가 바뀌는 소리를 들었다. 그건 어떤 기계음보다도 생생한 살아 있다는 증거의 진동이었다.

누워있는 침대는 차가웠지만, 그 안에서 태어난 작은 존재는 믿을 수 없을 만큼 따뜻했다. 세상의 모든 온기를 모아 놓은 듯 떨리고 있었다.

나는 알았다. 생명은 이렇게 자신의 온도를 전이시키며 태어나는 것임을 그날 이후, 내 삶의 온도는 단순히 나를 위한 온기가 아니었다. 잠든 아이의 이마를 어루만질 때마다 나는 내 體溫을 아이들에게 전달되는 것은, 기쁨이고 기적이다. 나에게서 태어난 소중한 보물들, 새 생명의 탄생으로 난 식어가든 내 온도가 따뜻해지는 것을 느꼈다.

결혼으로 만들어지는 가족들, 그들과도 쉽게 섞이기는 어려웠다. 삶에 대한 변주로 인해 생명의 끈을 놓아 버리고 싶다고 생각한 적도 있었다. 생명의 잉태와 출산은 나에게 생명의 의미를 알려주었고, 나를 '온도의 진화'를 배웠다. 그 이전의 나는 차가움과 따뜻함의 경계에서 긴장 속에 머물렀지만, 이후의 난 온도를 나누며 살아가는 존재가 되었다.

지금도 나는 종종 나에게 자문한다. 아들과 딸에게 건네는 말과 행동들이 그들의 마음에 어떤 온도로 남아 있는지, 너무 뜨겁지는 않을까, 너무 차갑지는 않을까, 난 조용히 아들과 딸에게 다짐한다.

나처럼 세상에 던져졌을 때 그들의 마음이 얼지 않도록 내 온기를 잃지 않겠다고.

온도를 높이는 나만의 실행

마음의 온도
"지금 많이 외롭지?"
"오늘 하루, 많이 힘들었지?"
"그 일 때문에 마음이 차가워졌구나."
"조금 화가 나지 않았어?"
"그 마음, 내가 함께 느껴줄게."

관계의 온도
"혼자라서 답답했지?"
"그때 많이 당황했지?"
"혼자서 많이 버티었구나."
"그 상황, 네 마음이 다치지 않았을까?"
"조금 지쳐 있는 것 같구나, 쉬어도 돼."

삶의 온도
"오늘 마음이 허전했지?"
"지금 마음이 얼어붙은 느낌이지?"
"그 마음, 내가 함께 느껴줄게."

조용히 차를 마시며, 마음, 관계, 삶의 온도를 책임을 다해야 한다. 생각만 하고, 실행에 옮기지 않는다면, 결과는 내가 감당해야 할 몫이다.

허리를 숙이고 있는 내가 너무 차갑지는 않은지, 누군가에게 너무 뜨겁게 굴지는 않았는지 성찰하며, 삶의 온도가 제대로 덥혀지고 있는지 손바닥으로 확인해 본다.

나의 온도는 나의 역사다

　나이를 먹는다는 건 단순히 세월이 쌓이는 것이 아니라, 몸과 마음, 정신精神의 온도가 달라지는 일이다.
　예전엔 작은 감정에도 쉽게 달아올랐지만, 이제는 대부분의 일을 조용히 가라앉히는 연습을 한다. 뜨겁게 반응하기보다는 조금 더 오래 지켜보고 천천히 말하도록 한다.

　중년의 온도는 어떤 온도일까?
　확 끓지도 않고, 쉽게 식지도 않는다. 다만, 은근히 지속되는 미열처럼 삶을 데우는 온도로 그 멋을 자랑한다. 젊은 시절의 난 화를 열정이라는 옷을 입혀 모든 걸 태우려 했다. 사람에게, 일에 불을 붙이듯 몰아붙였다.
　그러나 불은 늘 남김없이 속을 까맣게 태우고, "남는 건 상처라는 이름의 재뿐이었다." 그 재 위에 새로운 불씨를 붙이려면 내 안의 온도부터 다시 다듬어야 했다.

이제 나는 안다. 온도는 화려함보다 지속 가능성의 미학이라는 것을.

누군가를 이해하는데 필요한 인내, 자신을 용서하는 데 필요한 시간, 그 모든 게 온도의 조절에서 비롯된다는 걸. 몸이 예전과는 다르다.

저절로 속도가 느려지고, 생각 없이 사람을 오래 쳐다보는 행동들이 영향을 주었다.

어느 순간부터 뜨거움 대신 깊이를, 차가움 대신 고요함을 택하는 내 모습을 발견한다. 누가 나를 알아주든, 그렇지 않든, 내 안의 불씨를 지키는 일에 최선을 다한다. 그 불씨야말로 젊은 날의 나를 지금까지 데려온 유일한 열이기 때문이다.

가끔은 여전히 식어버린 듯한 순간이 찾아온다. 허무, 공허, 피로, 그리고 조용한 고독, 하지만 그때마다 스스로에게 묻는다. 누군가의 손을 잡을 때 전해지는 미묘한 체온, 그 모든 것이 인생 후반부의 온도다.

나는 이 온도로 내 삶을 덮는다. 조용하지만 단단하게, 식지 않되 타지 않게, 내 안의 온도를 지켜가며 다시 한번 삶을 데운다.

내 삶에는 늘 사계절이 있었다. 봄의 열정, 여름의 불꽃, 가을의 성찰, 겨울의 고요, 그 모든 계절의 온도가 모여 지금의 나를 만들었다. 나는 이제 안다. 삶의 온도는 극복이 아니라 순환임을 차가움이 있기에 따뜻함이 빛난다.

인간의 체온을 지키며

 세상은 점점 더 정확해지고, 사람은 점점 더 조용해졌다. 모든 정보가 손끝 하나로 연결되고, 표정도, 목소리도, 감정도 인공지능이 흉내 내는 시대.
 누군가의 따뜻한 말 한마디보다 빠른 답변과 완벽한 효율이 더 높게 평가받는 세상에서,
 "이토록 차가운 시대에, 인간의 체온은 어디에 남을 수 있을까?" 살아오면서 나는 여러 온도를 지나왔다.
 어린 시절엔 차가움이 전부였고, 성인이 되어서는 그 차가움 속에서도 따뜻함을 조절하는 법을 배웠다.
 누군가를 사랑하고, 또 잃고, 삶의 온도를 다시 맞춰야 할 때마다 나는 조금씩 '사람다움'의 의미를 배워갔다.
 이제 나는 안다. 기계가 아무리 완벽해져도, 인간의 온도는 알고리즘으로 복제할 수 없는 감정의 결이라는 것을.

온도는 데이터가 아니라 마음이 닿는 거리,
즉, "당신의 숨결이 내 삶을 덥히는 순간"에만 존재한다.
나는 오늘도 학생을 만나고, 글을 쓰며
그 체온을 전달하고자 한다.
특별한 행동이 문제 행동이라고 명명되어 마음이 아픈 이들에게 온도를 느끼게 하고 싶다. AI와 연결된 세상에서도, 아이들이 화면 속에만 숨지 않도록 온도를 전달할 수 있다. 특별한 행동을 하는 아이들에게도, 인터넷에 빠져 외로운 아이들에게도,

"넌 혼자가 아니야. 네 마음을 내가 함께 느껴줄게."라는 한마디가 나와 그들의 하루를 바꿀 수 있다.

삶에서
AI가 대체하지 못하는 건 '온도'의 경험이다.
얼마나 많은 데이터를 배워도,
사람의 떨리는 목소리와 눈빛,
그 안의 '진심'만은 복제할 수 없다.
나는 이제 기술보다 감정의 온도,
지식보다 사람의 숨결,
속도보다 깊이의 시간을 택한다.

내가 남기고 싶은 문장은 단 하나다.
"온도는 인간이 마지막까지 지켜야 할 존엄이다."

04

나의 목소리를 찾아서

이선자

무대 위의 첫걸음
변화를 꿈꾸며
목소리를 찾다
기술과 리더십
앞으로 걸어갈 길

| 작가 소개

1. 전) 오케이세븐 쇼핑몰운영
2. 현) 뉴스킨사업을 진행하고 있음
3. 현) 장애인자립생활센터 모임 자문위원
4. 문예창작지도사
5. 자서전출판지도사

| 연락처

이메일: gksekdls7852@naver.com

유튜브: 한줄의체온

무대 위의 첫걸음

 삶은 때로 우리에게 예기치 못한 길을 열어준다. 내게 그 길은 초등학교 3학년 교실 게시판에 붙은 '연극부 부원 모집' 공고에서 시작되었다.

 연극이라는 단어만 들어도 멋져 보였다. 무대 위에서 환한 조명을 받으며 많은 사람들 앞에 서는 모습을 상상만 해도 가슴이 떨렸다. 수업 시간에 발표만 해도 얼굴이 빨개지는 내가 무대에 선다는 건 쉽지 않은 도전이었다. 하지만 그래서 더 하고 싶었다.

 방과 후 음악실에서 첫 연습이 시작되었다. 발성 연습으로 시작해 대사 외우기, 동작 연습까지. 처음엔 모든 게 낯설고 어려웠다. 특히 대사를 외우는 것이 쉽지 않았다. 집에서도 거울 앞에서, 잠들기 전에도 계속 연습했다.

 연습을 거듭하며 우리는 하나의 팀이 되어갔다. 누군가

대사를 잊어버리면 옆에서 속삭여주고, 동작이 어색하면 함께 연습했다. 혼자서는 할 수 없는 일도 함께하면 가능하다는 것을 배웠다.

드디어 공연 날. 무대에 오르자 긴장이 밀려왔지만, 첫 대사를 말하는 순간 신기하게도 긴장이 풀렸다. 연습했던 대로 말이 나왔고, 관객들의 반응이 느껴졌다. 공연이 끝나고 쏟아진 박수 소리는 지금도 잊을 수 없다.

연극부 활동은 나에게 용기를 주었다. 부끄럼 많던 내가 사람들 앞에 설 수 있게 되었고, 협력의 중요성을 배웠다. 그 작은 무대가 내 인생의 큰 무대로 가는 첫걸음이 될 줄은 그때 몰랐다.

변화를 꿈꾸며

초등학교 5학년이 되자 학교의 불편한 점들이 눈에 들어오기 시작했다. 벗겨진 벽지, 좁은 운동장, 낡은 시설들. '누군가는 이걸 고쳐야 하는데'라는 생각이 들었다.

그러던 중 학생회장 선거 공고를 보았다. 망설임 끝에 출마를 결심했다. 학교를 더 좋은 곳으로 만들고 싶다는 마음이 컸다.

선거 운동을 시작했다. 포스터를 직접 그려 붙이고, 점심시간마다 친구들에게 다가가 내 생각을 설명했다. '학교 환경 개선'을 핵심 공약으로 내세웠다. 처음엔 어색했지만, 점차 자신감이 생겼다. 선거일, 강당에서 연설을 했다. 떨리는 목소리로 시작했지만, 내가 하고 싶은 말을 또박또박 전했다. 투표 결과, 나는 떨어졌다. 속상했지만, 후회는 없었다. 최선을 다했기 때문이다.

며칠 후 당선된 친구가 내 공약을 함께 실천하자고 제안했다. 비록 학생회장은 되지 못했지만, 내 목소리는 전달되었고 변화를 만들 수 있었다. 이기는 것만이 중요한 게 아니라는 것, 내 생각을 전달하는 것 자체가 의미 있다는 것을 배웠다.

그 무렵 사회복지사라는 꿈을 갖게 되었다. 학교 봉사활동을 통해 지역아동센터를 다니며 아이들을 도왔다. 숙제를 도와주고, 책을 읽어주며 누군가에게 도움이 된다는 것이 얼마나 뿌듯한 일인지 알게 되었다. 어려운 사람들을 돕고 싶다는 꿈이 구체화되기 시작했다.

목소리를 찾다

중학교 1학년, 방송부 모집 공고를 보았다. '학교의 목소리가 되어주세요'라는 문구가 마음에 와닿았다. 망설임 없이 신청했다.

첫 방송은 긴장의 연속이었다. 마이크 앞에 앉아 아침 방송을 진행하는데 목소리가 떨렸다. 하지만 매일 연습하며 점차 익숙해졌다. 한 달쯤 지나자 자연스럽게 방송할 수 있게 되었다.

점심시간 음악 방송을 맡으며 새로운 도전을 했다. 대본 없이 자유롭게 멘트를 해야 했다. 처음엔 부담스러웠지만, 친구들이 신청한 노래를 틀어주고 그들의 감사 인사를 받으며 방송의 힘을 깨달았다. 내 목소리가 누군가에게 기쁨을 줄 수 있다는 것을.

중학교 2학년, 선도부 부장을 맡게 되었다. 학교 규율을 관리하는 일이었지만, 단순히 규칙을 지키게 하는 것이 아니라 학생들과 소통하며 함께 해결책을 찾아가는 법을 배웠다. 매일 아침 교문에서 인사 운동을 하고, 부원들과 회의를 하며 리더십을 키워갔다.

방송부와 선도부 활동은 서로 다른 것 같았지만, 공통점이 있었다. 바로 소통이었다. 방송부에서는 목소리로, 선도부에서는 행동으로 사람들과 연결되는 법을 배웠다.

중학교 3년 동안 나는 많이 성장했다. 떨리던 목소리는 자신감 있는 목소리로 변했고, 사람들 앞에 서는 것이 자연스러워졌다. 졸업을 앞두고 선생님이 말씀하셨다. "네 목소리는 사람들에게 힘을 주더라. 계속 그 목소리를 들려줘."

기술과 리더십

고등학교에 입학하자마자 방송부에 다시 들어갔다. 중학교 경험이 있어 자신감 있게 면접을 봤고, 선배들이 반갑게 맞아주었다. 고등학교 방송부는 중학교와 달랐다. 아나운서뿐 아니라 엔지니어로서 장비를 다루는 법도 배울 수 있었다. 믹서, 녹음 장비, 음향 시스템. 처음엔 복잡해 보였지만, 하나씩 배워나갔다. 기술을 배우며 방송에 대한 이해가 깊어졌다. 단순히 말하는 것을 넘어, 음질과 밸런스를 조절하고 완벽한 방송을 만들어내는 과정을 익혔다. 학교 축제 때는 음향을 담당하며 문제가 생겼을 때 빠르게 대응하는 법도 배웠다.

고등학교 2학년이 되자 다시 선도부 부장을 맡게 되었다. 중학교 때와는 다른 무게감이 있었다. 두 해 동안 선도부 부장으로 활동한 경험은 단순히 지각을 단속하는 역할을 넘어, 책임을 배우는 과정이었다. 매일 같은 자리에서 다양한 친구들의 모습을 마주하며 학교라는 작은 사회의 모습을 자연스럽게 이해하게 되었다.

부장이 되고 나서는 규칙을 '지키게 하는 것'보다 '왜 필요한지 이해시키는 것'을 더 중요하게 생각했다. 억지로 지키는 규칙은 오래가지 않지만, 스스로 납득한 규칙은 삶의 습관이 되기 때문이다. 그래서 단속보다 설득에 더 힘을 썼고, 규율을 함께 만드는 분위기를 만들려고 노력했다.

물론 갈등도 있었다. 규칙을 무시하는 학생, 말투에 예민하게 반응하는 친구들과 부딪힐 때 흔들리기도 했다. 하지만 그때마다 기준을 지키는 것이 리더의 역할이라는 사실을 다시 배웠다.

그 두 해의 경험은 리더십이 앞에서 끌어가는 것이 아니라 옆에서 함께 걷는 과정임을 깨닫게 해주었다. 화려한 직책은 아니었지만, 책임감, 설득, 공감, 관계라는 중요한 가치를 깊게 새기게 한 의미 있는 시간이었다.

고등학교 3학년, 방송부 부장이 되었다. 이제는 후배들을 가르치는 입장이 되었다. 6년 전 선배들에게 배우던 내가 이제는 가르치는 사람이 되었다는 게 신기했다. 후배들과 함께 졸업식 방송을 준비하며 책임감과 리더십의 의미를 다시 한번 깨달았다.

앞으로 걸어갈 길

　졸업 후 겨울 방학, 대학 입학을 준비하며 사회복지 관련 책을 읽기 시작했다. 봉사활동도 계속하며 사회복지사 선생님들이 어떻게 일하는지 관찰하고 배웠다.
　2월, 대학 오리엔테이션에 갔다. 넓은 캠퍼스를 돌아다니며 앞으로 4년간 생활할 공간들을 둘러봤다. 사회복지학과 신입생들과 자기소개를 나누며, 각자 다른 이유로 이 길을 선택했지만, 사람을 돕고 싶다는 마음은 같다는 것을 알았다.
　캠퍼스를 걷다 학교 방송국을 발견했다. 잠시 들어가 봤지만, 더 이상 방송을 할 생각은 없었다. 방송은 내가 거쳐온 과정이지 목적지가 아니었다. 하지만 방송에서 배운 소통의 방법은 사회복지사로서도 필요한 능력이었다.
　벤치에 앉아 지난 시간들을 떠올렸다. 8살에 연극 무대에 처음 올랐던 순간부터 지금까지. 모든 경험이 나를 여기까지 이끌었다.

내가 찾던 '목소리'는 단순히 물리적인 목소리가 아니었다. 나만의 방법으로 세상과 소통하는 법, 사람들과 연결되는 법이었다. 연극 무대에서는 연기로, 방송실에서는 마이크로, 선도부에서는 행동으로, 봉사활동에서는 손길로. 형태는 달랐지만 본질은 같았다.

앞으로 사회복지사로서 어떤 길을 걷게 될지 알 수 없다. 하지만 두렵지 않다. 지난 12년간 나는 도전하는 법, 실패를 받아들이는 법, 다시 일어서는 법을 배웠다.

졸업식 날, 12년간 다녔던 학교를 떠나며 생각했다. 이제 시작이라고. 준비 과정이 끝나고 진짜 이야기가 시작된다고.

집으로 돌아와 일기장을 폈다. '12년간의 학창 시절을 돌아보니 후회는 없다. 모든 순간이 의미 있었고, 모든 경험이 나를 만들었다. 내 목소리를 찾았으니까. 내가 가야 할 길을 알았으니까.'

창밖을 바라보니 어둠 속에서 거리의 불빛들이 켜지고 있었다. 어둠 속에서도 빛은 있다. 작은 빛이라도 누군가에게는 희망이 된다. 나도 그런 빛이 되고 싶었다.

침대에 누워 생각했다. 내일부터 새로운 하루가 시작된

다. 대학생으로서, 사회복지를 공부하는 사람으로서.

나는 잘할 수 있을 것이다. 왜냐하면 나는 내 목소리를 찾았으니까. 그 목소리로 세상과 이야기하고, 사람들과 소통하고, 변화를 만들어갈 것이다.

작은 발걸음들이 모여 큰 길이 되듯이, 나도 작은 시작으로 큰 변화를 만들어갈 것이다.

그것이 나의 이야기다. 그것이 내가 걸어갈 길이다.

05

꽃보다 청춘
나의 두 번째 봄

이은미

회고: 지나온 길 위에서
도전: 1인 기업의 시작
성장: 배움으로 다시 서다
시련: 가장이 된 여자
극복: 다시 일어서다
도약: 새로운 인생의 무대
성찰: 삶이 내게 가르쳐준 것들

| 작가 소개

오색발전소 오색그림책방 운영
출판사 [윤슬그림책] 대표
한국미래평생교육원 대표
한국작가협회 부회장 & 포천지부장
한국자서전협회 부회장 & 포천지부장
그림책심리성장연구소 경기1지부장
공동저서 종이책출판 기획 전문
그림동화작가심리지도사 책쓰기코치 양성 중
네이버 검색: 그림책코치이은미
유튜브 검색: 오색그림책방

| 연락처

이메일: mi2241@naver.com
블로그: https://blog.naver.com/mi2241
저자 연락처: 010-3048-4897

회고: 나온 길 위에서

 어느 날, 내 안에서 오래된 바람 한 줄기가 일었다. 묵은 먼지를 털듯 마음을 털어보니, 그 안엔 수많은 이름이 겹겹이 쌓여 있었다. 딸이었던 나, 아내였던 나, 엄마였던 나 그리고 그 모든 이름 아래 오롯이 남은 '나 자신'. 삶은 때로 거친 파도처럼 나를 밀어냈고, 때로는 조용한 새벽의 이슬처럼 내 어깨에 내려앉았다. 무너지고, 다시 일어나며, 나는 매번 조금씩 다른 얼굴로 '다시' 살아났다. 누구나 삶 한가운데를 걸을 때는 자신이 길 위에 서 있는지도 모른다.
 하지만 돌아보면, 그 길 위에는 늘 한 발자국씩 남아 있는 나의 흔적이 있다.
 그 발자국마다 눈물이 묻어 있고, 그 눈물마다 작은 빛이 자라 있었다. 지금 나는 그 빛을 따라, 지나온 길 위에서 조용히 나를 돌아본다.

이 이야기는 완벽하지 않은 인생이 끝내 자신을 사랑하게 된 이야기다. 그리고, 여전히 걸음을 멈추지 않는 한 여자의 진심 어린 고백이다. 거울 속의 낯선 얼굴을 마주한 것은 어느 날 아침이었다. 엄마로, 아내로, 딸로 살아내느라 너무 오래 '나'를 잊고 있었다. 시간은 흐르고, 아이들은 자라며, 나는 어느새 쉰의 문턱에 서 있었다.

  하지만 내 안의 '나'는 여전히 길 위에 있었다. 수많은 길을 걸어왔고, 또 여전히 걸어가고 있는 중이었다. 결혼과 IMF, 아버지의 사고, 아이의 병간호, 그 모든 시간은 나를 끊임없이 시험했다. 그럼에도 나는 매번 무너지고 또 일어서며 '살아내는 법'을 배웠다. 마흔까지의 나는 생존을 위해 살았고, 쉰의 나는 의미를 위해 산다. 이제는 안다. 다시 선다는 건 큰 결심이 아니라, 매일 아침 눈을 뜨고 오늘을 살아내는 그 자체라는 걸. 그 길 끝에서 나는 나를 만났고,

  이제는 그 길 위에서 '우리'를 바라본다.

  가족과 생의 무게 속에 가족은 내 삶의 이유이자, 동시에 가장 무거운 책임이었다. 사랑이라는 이름 아래 함께 웃고 울었지만, 그 사랑을 지키기 위해 견뎌야 했던 순간들도 수없이 많았다. 둘째 아이의 병원 침대 곁에서 밤을 새던 날들, 남편과의 다툼 뒤에도 아이 앞에서는 웃어야 했던 아침, 그리고 아버

지의 병실 문 앞에서 떨던 두 손. 그 모든 시간은 나에게 '가족'이란 단어의 진짜 무게를 알려주었다.

가족은 내가 선택한 삶의 방향이자, 내가 버틸 수 있었던 가장 단단한 이유였다. 누군가의 딸로, 아내로, 엄마로 살아오며 나는 수없이 흔들렸지만 그 이름 하나로 다시 중심을 찾았다. 가끔은 가족이 짐처럼 느껴질 때도 있었다. 끝없는 희생과 책임 속에서 '나'라는 존재가 희미해졌고, 아무도 모르게 욕실 안에서 눈물을 삼키던 밤도 많았다. 하지만 시간이 지나니 알겠다. 그 무게가 있었기에 나는 단단해졌고, 그 짐이 있었기에 내 삶은 비로소 '의미'를 가졌다.

이제 나는 그 무게를 억울해하지 않는다. 그건 나를 지탱해준 삶의 힘이었고, 사랑의 또 다른 이름이었다. 가족이라는 울타리 안에서 나는 매번 무너지고, 다시 일어섰다. 그리고 그 반복이 바로 '살아간다'는 뜻이 되었다. 쉰 중반의 지금, 나는 비로소 안다. 사랑의 무게는 결코 가볍지 않지만, 그 무게를 품고 사는 것이 바로 '인생의 품격'이라는 것을. 가족이 내게 준 상처와 위로, 눈물과 웃음 그 모든 것이 모여 내 인생의 색깔을 완성했다.

1997년, 차가운 겨울이 내 인생에도 찾아왔다. IMF, 그 이름은 뉴스 속 단어가 아니라 내 삶의 현실이었다. 남편의 회사가 문을 닫고, 밀린 월급이 휴지조각이 되던 그날, 나는 처음으로 '두려움'이란 감정을 온몸으로 느꼈다. 다음 달 월세, 아이의 약값, 카드값, 병원비. 모든 숫자가 나를 짓눌렀고, 냉장고 속 반찬이 비워질수록 마음도 얼어붙었다. 그때 나는 하루를 버티는 게 곧 살아내는 일임을 배웠다. 간장 한 숟가락을 비벼 아이에게 밥을 내주며 "오늘은 엄마가 제일 좋아하는 간장밥이야." 그렇게 웃어보이던 나를 지금 돌아보면, 그 시절의 나는 누구보다 용감했다.

아버지도 그랬다. 실직의 시절에도 단정한 셔츠를 입고 식탁에 앉던 분. 그 모습이 내게 남아 있었다. 그래서 나도 무너져도 포기하지 않았다. 그게, 그 시절 내가 할 수 있었던 유일한 생존이었다. 아내, 엄마, 딸로서의 나, 나는 누군가의 아내였고, 누군가의 엄마였으며, 또 누군가의 딸이었다. 하지만 그 셋 사이에서 '나'라는 존재는 늘 뒤로 밀려 있었다. 남편의 짐을 덜어주기 위해 강해져야 했고, 아이를 위해 웃어야 했으며, 아픈 아버지를 위해 눈물을 삼켜야 했다. " "

그렇게 매일을 살다 보니, 언젠가부터 내 이름을 부르는 사람이 아무도 없다는 걸 깨달았다. 그래도 나는 멈출 수 없었다. 내가 멈추면 가족이 멈출 것 같았기 때문이다. 그래서 매일 새벽, 눈을 뜨며 마음속으로 다짐했다. "오늘도 나를 잃지 말자. 그래야 모두를 지킬 수 있으니까." 사랑은 늘 희생을 품고 있다. 하지만 그 희생이 단지 헌신이 아니라 삶을 지탱하는 '존재의 방식'이라는 걸. 나는 쉰이 되어 비로소 이해하게 되었다. 혼자서도 걸어야 했던 길, 삶의 어느 순간, 나는 결국 혼자가 되어야 했다.

남편이 있어도, 아이가 있어도, 부모가 곁에 있어도 내 내면의 고독만큼은 스스로 걸어야 했다. 병원 복도의 의자에서, 새벽 교실의 칠판 앞에서, 그리고 아무도 모르는 밤의 눈물 속에서 나는 나와 마주하는 법을 배웠다. 누군가의 기대와 책임이 사라진 자리에 비로소 '나 자신'이 있었다. 그때부터 나는 외로움을 두려워하지 않았다. 그건 고통이 아니라, 나를 단단하게 하는 시간이었다.

이제 나는 안다. 누구에게 기대지 않아도 서 있을 수 있는 사람, 그게 바로 내가 살아온 세월이 내게 남긴 선물이라는 것을. 삶은 긴 강과 같다. 때로는 고요히 흐르고, 때로는 거센 물살에 휩쓸리며 나를 데려간다. 하지만 흙탕물이 가라앉고 나면, 그 속에서도 여전히 반짝이는 빛이 있다. 나는 그 빛을 따라 여기까지 왔다. 사랑으로 버티고, 눈물로 일어서며, 가족이라는 이름으로, 또 한 인간으로 살아냈다.

이제는 안다. 완벽한 해답이 없어도 괜찮다는 걸. 부족하고 흔들리며 흘러가는 하루가 결국은 내 인생의 진짜 얼굴이었다는 걸. 누구나 각자의 강을 건너며 산다. 누군가는 손을 잡고, 누군가는 혼자서. 나는 수없이 물결에 휩쓸렸지만 끝내 다시 물 위로 떠올랐다. 그것이면 충분하다. 살아 있음으로, 그리고 다시 일어섬으로, 나는 오늘도 내 안의 진실을 품고 흐른다. 그렇게, 여전히 살아 있다.

도전: 1인 기업의 시작

"나는 내 안의 이야기를 그림책으로 꺼내놓았다."

한 장의 그림에서 시작된 나의 두 번째 인생. 아이들을 위한 그림책이 아니라, '나를 위한 그림책'을 만들고 싶었다. 그림책 속에서 나는 내 상처를 보았고, 그 상처를 통해 세상을 다시 바라보았다. 그림책콘텐츠로 1인 기업을 창업하고, '그림책코치'라는 새로운 직업을 만들어냈다. 처음엔 혼자였지만, 이제는 수많은 사람이 나의 수업을 통해 작가가 되고 자기 삶의 이야기를 책으로 펴낸다.

그림책 속에서 길을 찾는 나는 늘 '누군가의 엄마'와 '누군가의 아내'로 살아왔다. 하지만 내 안의 목소리를 외면한 채로는 더 이상 살 수 없다는 걸 알았다. 어느 날 우연히 펼친 한 권의 그림책에서 나는 문득 멈춰 섰다. 짧은 문장과 한 장의 그림이 내 마음을 울렸다. 그림책은 단순한 동화가 아니었다.

그 속에는 나의 상처, 내 아이의 눈빛, 그리고 나 잊힌 꿈이 있었다. 그날 이후, 나는 나의 이야기를 그림책으로 그리고, 썼다.

그림책은 내게 길을 보여주었다. 그 길 끝엔 새로운 '나'가 있었다. 그렇게 첫 창업, 나의 브랜드를 세웠다. 그림책으로 마음을 치유하며, 나는 용기를 얻었다. '이 이야기를 나누어야 한다'는 생각이 불씨가 되었다. 처음으로 사업자등록증을 들고 나오던 날, 손이 떨렸다. 나의 첫 브랜드, 그것은 내 이름과 같은 의미였다. "이은미 그림책코치". 아무도 알려주지 않았지만, 하나하나 배워가며 나만의 브랜드를 세웠다. 홈페이지를 만들고, 강의 기획서를 쓰고, 교육 프로그램을 개발했다. 밤을 새워 강의안을 만들던 그 시간들이 지금의 나를 단단하게 만들었다.

그 노력 끝에 그림책콘텐츠로 세상과 연결되었다. 혼자 시작한 일이었다. 하지만 그림책은 놀랍게도 사람과 사람을 이어주었다. 누군가는 내 강의에서 '자신의 이야기를 처음으로 말할 수 있었다'고 했다. 누군가는 '그림책을 통해 가족의 상처를 이해하게 되었다'고 했다. 나는 깨달았다. 그림책은 마음을 치유하는 언어이며, 사람을 연결하는 다리라는 것을. 아이와 부모, 교사와 학생, 그리고 치유가 필요한 어른들까지 그림책은 세상 모든 사람에게 닿을 수 있었다.

나는 그 다리의 한가운데서 사람들을 맞이했다.

그 시간 덕분에 자격과정 개설하고, '그림책코치'의 길을 걸으며 사람들의 관심이 커지자, 나에게 새로운 사명이 생겼다. "이 일을 함께할 수 있는 사람을 키워야 한다." 그렇게 탄생한 것이 '그림동화작가심리지도사 자격과정'이었다. 프로그램을 설계하고, 교안을 만들고, 인증기관의 심사와 행정 절차를 직접 밟았다. 쉽지 않았지만, 한 사람이라도 자신의 이야기를 그림책으로 표현할 수 있다면 그 자체로 의미 있는 일이라 믿었다. '그림책코치'라는 이름은 단순한 직업이 아니라, 누군가의 마음을 돌보는 사람이라는 뜻이었다.

그 마음으로 글을 쓰고 책을 출판하며 작은 출판사가 세상로 바꾸었다. 강의를 듣던 한 수강생이 말했다. "선생님, 제 이야기도 책으로 낼 수 있을까요?" 그 한마디에 나는 결심했다. "그래, 우리의 이야기를 세상에 내보내자." 그렇게 윤슬그림책 출판사가 탄생했다. 윤슬, 물결 위로 비치는 햇살처럼 누군가의 마음에 작은 빛을 남기고 싶었다. 첫 출판은 떨림의 연속이었다. 하지만 책을 손에 쥔 순간, 나는 알았다.

한 사람의 삶이 책이 되고, 그 책이 또 다른 사람의 위로가 된다는 걸. 출판사는 단순한 사업이 아니라, '사람을 살리는 일'이었다. 그 작은 물결은 지금도 세상 곳곳으로 번져가고 있다. 처음엔 두려움뿐이었다. 아무도 모르는 길, 아무도 알려주지 않는 길이었다. 하지만 내가 만든 작은 불씨는 어느새 누군가의 희망이 되었다. 그림책으로 마음을 나누던 일이, 이제는 사람과 사람을 이어주는 다리가 되었다.

 강의실에서, 출판사에서, 그리고 책 속에서 나는 수많은 '나'를 만났다. 그들의 눈빛 속에서, 과거의 나처럼 간절히 무언가를 붙잡으려는 사람이 있었다. 그때마다 나는 마음속으로 속삭였다. "포기하지 마, 네 이야기는 세상을 바꿀 수 있어." 이제 나는 안다. 혼자 시작한 꿈이, 결국 함께 걷는 길이 되었다는 걸. 그리고 그 길 끝엔 언제나, 다시 피어나는 '이은미'라는 이름의 이야기가 있었다.

성장: 배움으로 다시 서다

 삶이 나를 수없이 넘어뜨렸지만, 그때마다 나를 일으켜 세운 건 '배움'이었다. 세상이 내게 "이제 그만해도 돼"라고 속삭일 때마다, 나는 책 속에서 다시 희망을 찾았다. 글쓰기는 내 안의 상처를 어루만지는 손이 되었고, 새로운 배움은 또 다른 나를 탄생시켰다. 누구에게나 인생의 겨울은 찾아오지만, 배움의 불씨가 있다면 다시 봄을 맞을 수 있다. 그렇게 나는 배움을 통해 다시 서기로 했다. 누군가에게는 작가로, 누군가에게는 평생교육사로, 그리고 나 자신에게는 '다시 태어난 사람'으로 말이다.

 그렇게 글쓰기는 나를 치유하는 힘이 되었다. 그림책을 만들면서, 나는 글쓰기의 진짜 의미를 알게 되었다. 글을 쓴다는 건 그냥 이야기를 적는 일이 아니었다. 내 안의 아픔을 마주하고, 그것을 단어로 다듬는 과정이었다. 하루의 끝마다 일기를 쓰듯, 나는 마음을 글로 비웠다. "오늘은 조금 울었다. 하지만 포기하지 않았다." 그 한 줄이 내 마음을 붙잡아 주었다. 글은 나를 치유했고, 나는 글을 통해 다시 살아 있었다.

상처를 숨기지 않고, 이야기로 바꾸는 순간 고통은 더 이상 나를 삼키지 못했다. 그림책은 그림으로, 글은 언어로 내 삶의 조각들을 하나하나 꿰어주었다. 그 모든 것이 '나를 되찾는 길'이었다. 또한 작가와 출판인을 키우는 교육의 현장에서 내가 배움을 통해 성장했듯, 이제는 누군가의 성장을 돕고 싶었다. 그래서 강의실 문을 열었다. 수줍은 얼굴로 찾아온 사람들에게 나는 물었다. "당신의 이야기는 무엇인가요?" 누군가는 아픈 가족의 이야기로, 누군가는 잊지 못한 어린 시절의 추억으로 조용히 자신을 꺼내놓았다.

그들의 글이 그림책이 되고, 그림책이 세상에 나오는 과정을 함께하며 나는 그들이 변해가는 모습을 보았다. 누군가는 '작가'가 되었고, 누군가는 '출판인'이 되었다. 그 교육의 현장은 단순한 수업이 아니라 한 사람의 인생이 다시 피어나는 자리였다. 그들의 눈빛 속에서 나는 매번 새로운 '나'를 발견했다. 그런 변화 속에서 평생교육사로의 변신이 시작되었다. 시간이 흐르면서 나는 교육의 의미를 더 깊이 이해하게 되었다. "지식이 아닌, 삶을 가르치자." 그 신념으로 나는 평생교육사의 길을 선택했다.

배우는 것은 멈추지 않는 성장의 증거였다. 나이가 들수록 배움은 사치가 아니라 생존이었다.

나는 배움 속에서 스스로를 다시 일으켰다. 강의실 밖에서도, 사람들의 삶을 바꾸는 교육을 하고 싶었다. 그림책을 통해 마음을 열고, 교육을 통해 삶을 바꾸는 일 그것이 내가 선택한 '두 번째 인생의 직업'이었다. 두 번째 꿈의 직업 윤슬그림책출판사의 탄생이다.

수많은 이야기와 작가들이 내 강의실을 지나갔다. 그들의 원고는 어느새 세상에 나오기를 기다리는 작은 새들이었다. 그래서 나는 결심했다. "이제, 나만의 출판사를 만들자." 그렇게 탄생한 윤슬그림책출판사. '윤슬'은 햇살이 물결에 비칠 때 반짝이는 빛. 그 이름처럼, 누군가의 마음에도 작은 빛이 비치길 바랐다. 첫 책이 세상에 나왔던 날, 책을 손에 쥔 작가의 눈에 눈물이 고였다. 그 순간, 나는 알았다. 출판은 단순한 일이 아니라, 한 사람의 인생을 세상에 잇는 일이라는 것을. 윤슬의 책들은 그렇게 사람의 마음을 품고, 세상으로 흘러갔다.

그런 소망을 품고 또하나의 탄생. 오색그림책방, 나의 꿈이 된 공간이 완성되었다. 모든 여정의 끝에는 늘 '공간'이 있었다. 책을 만들고, 사람을 만나고, 이야기를 나눌 수 있는 곳. 그곳이 바로 오색그림책방이었다. 이곳은 그저그런 책방이 아니다. 그림책이 주는 다섯 가지 색 희망, 위로, 용기, 사랑, 그리고 꿈, 그 색으로 사람들의 마음을 물들이는 공간이다. 누군가는 커피 한 잔과 함께 책을 읽고, 누군가는 조용히 글을 쓴다.

그리고 나는 그 한가운데서, 오늘도 누군가의 이야기를 들어준다. 그림책이 내 인생의 시작이었다면, 오색그림책방은 나의 인생이 머무는 쉼표이자 꿈의 공간이다. 이곳에서 나는 또 다른 내일을 준비한다. 배움으로 자라나고, 사랑으로 이어지는 내 삶의 다음 장을 위해. 돌이켜보면, 배움은 나에게 단순한 지식이 아니라 '삶의 방식'이었다. 글을 쓰며 나를 이해했고, 가르치며 세상을 배웠으며, 출판을 통해 꿈을 나누었다.

배움은 언제나 나를 앞으로 밀어주는 등불이었고, 그 빛이 있었기에 길을 잃지 않았다. 이제 오색그림책방은 내 삶의 또 다른 교실이 되었다. 책을 읽고, 쓰고, 나누는 모든 순간이 새로운 탄생의 시간이다. 나는 여전히 배우는 사람으로, 그리고 배우는 삶을 사랑하는 사람으로 남고 싶다. 배움은 내 인생의 두 번째 봄을 피워냈다. 그 봄의 이름은 '성장'이다.

시련: 가장이 된 여자

　세상은 항상 나를 시험했다. "가장 힘든 시간은, 내 마음이 자라던 시간이었다." 삶은 언제나 예고 없이 무너졌다. 어제까지 따뜻했던 세상이, 오늘은 차가운 절벽 끝으로 변해 있었다. 빛을 잃은 남편의 눈, 매일같이 기도해야 했던 아이의 심장, 그리고 병상에 누워 계신 아버지까지… 나는 사랑하는 사람들의 아픔 앞에서 너무도 작고 연약한 인간이었다. 그럼에도 누군가는 버텨야 했다.

　무너진 가족의 중심에서, 눈물 대신 의지를 꺼내 들고 살아내야 했다. '이제 내가 가장이 되어야 한다.' 그 다짐은 슬픔보다도 단단했고, 두려움보다도 깊었다. 삶은 나를 벼랑 끝으로 몰아붙였지만, 남편의 눈수술로 세상이 멈추다. 남편의 시야가 점점 흐려지기 시작했을 때, 나는 그것이 잠깐의 피로라고 믿고 싶었다. 하지만 검은 그림자는 점점 커져갔고, 결국 한쪽 눈은 완전히 빛을 잃었다. 수술대 위에 누워 있는 남편의 손을 잡고, 나는 처음으로 '두려움'을 온몸으로 느꼈다. "괜찮아, 우리가 함께니까." 그 말이 위로가 되길 바라며 꺼냈지만, 돌아오는 건 침묵뿐이었다. 세상이 멈춘 듯 고요했고, 나는 그 고요 속에서 가장이 되어야 했다.

빛을 잃은 남편 대신, 이제 내가 가족의 눈이 되어야 했다. 아들의 심장, 하루에도 수십 번의 기도 작은 아이의 심장은 하루에도 몇 번씩 경고음을 울렸다. 작디작은 가슴이 뛰다 멈추기를 반복하는 순간마다, 나는 숨조차 쉴 수 없었다. 병원 침대 위의 아이를 바라보며, 매 순간 마음속으로 수십 번의 기도를 올렸다. '살아만 주세요. 제발, 살아만 있어 주세요.' 아이의 가늘고 투명한 손을 잡고 있으면, 세상의 모든 것이 멈춘 듯했다. 나는 더 이상 강한 엄마가 아니라, 그저 아이의 숨결 하나에 기대 사는 사람이었다.

그 시절, 나의 하루는 기도로 시작해 기도로 끝났다. 그리고 아버지의 병상, 딸의 간절함. 아버지가 쓰러지셨다는 소식에 병원으로 달려가던 그날, 차 안의 창밖은 눈물처럼 흩날리는 빗방울로 가득했다. 두 번의 큰 수술, 그리고 긴 입원 생활. 무너지는 마음을 다잡으며, 나는 아버지의 곁을 지켰다. 병상 위의 아버지는 늘 내 손을 꼭 잡고 말씀하셨다. "은미야, 넌 참 잘하고 있어. 힘들어도 멈추지 마라." 그 말 한마디가 나를 다시 세웠다. 나는 여전히 딸이었고, 동시에 누군가의 엄마이자 가장이었다.

 그 모든 역할이 한 몸에 얽힌 채로, 나는 버티며 살아야 했다. 또 한번의 사업 부도, 모든 것이 무너진 순간이었다. 남편의 사업이 부도 났다는 소식을 들었을 때, 마치 발밑의 땅이 꺼지는 듯한 공포가 몰려왔다. 집안의 공기가 얼어붙고, 통장의 잔액은 바닥을 드러냈다. 전화벨 소리가 두려웠고, 사람들의 시선이 무거웠다. 하지만 포기할 수 없었다. 아직 치료 중인 남편이 있었고, 아픈 아이가 있었고, 지켜야 할 '가정'이 있었다. 그날 이후 나는 다시 책을 폈고, 밤새 글을 썼다.
 나의 생존은 글쓰기로 이어졌고, 나의 희망은 책 속에서 되살아났다. 눈물 속에서도 펜을 놓지 않았던 그 시간들이 지금의 나를 만들었다. 절벽 끝에서 잡은 한 줄기 빛이 있다. 모든 것이 무너졌다고 생각했던 그 순간, 희미하지만 분명한 빛이 내 안에서 피어올랐다. 그건 바로 '다시 시작하자'는 다짐이었다. 나는 현실을 부정하지 않았다. 눈을 감지 않았고, 피하지 않았다. 절벽 끝에서 나는 오히려 하늘을 올려다보았다. 그때

보였다. 작은 희망의 빛, 나를 살린 한 줄기 온기. 그 빛은 나 자신이었고, 내 안의 용기였다.

모든 시련이 나를 부숴버린 줄 알았지만, 사실은 나를 단단하게 다듬고 있었다. 나는 다시 일어섰다. 그리고 알았다. 진짜 강함은 이겨내는 것이 아니라, 포기하지 않는 것이라는 것을. 나는 그 끝에서 다시 빛을 찾아야 했다. 가장 어두운 순간에도 포기하지 않았던 한 여자의 이야기, 이제 그 시간을 꺼내놓으려 한다.

돌아보면 그 시절은 끝없는 어둠 같았다. 하루하루가 싸움이었고, 내 숨은 언제나 짧았다. 하지만 그 절망 속에서도 나는 멈추지 않았다. 두려움은 나를 흔들었지만, 희망은 내 안에서 작게나마 숨 쉬고 있었다. 모든 것을 잃었다고 믿었던 그때, 나는 오히려 '나 자신'을 발견했다.

세상의 무게를 짊어진 가장이었지만, 그 무게 속에서 강인함과 사랑의 진짜 의미를 배웠다.

이제 나는 안다. 삶이 나를 시험할 때마다, 그 끝에는 새로운 시작이 기다리고 있다는 것을.

시련은 나를 무너뜨리지 않았다. 오히려 나를 다시 빛으로 이끈, 또 하나의 스승이었다.

극복: 다시 일어서다

다시 피어난 희망속에 "끝이라 생각한 순간, 봄이 찾아왔다." 세상의 무게가 나를 짓누를 때, 나는 배움과 사랑으로 중심을 잡았다. 절망 속에서도 포기하지 않고, 아이와 남편, 아버지와 가족을 위해 나는 매일 작은 발걸음을 옮겼다. 삶은 결코 쉬운 길이 아니었지만, 그 안에서 나는 다시 서는 법을 배웠다. 석사 졸업과 박사 과정은 나에게 지식 이상의 힘을 주었고, 아이의 웃음과 성취는 나를 앞으로 나아가게 하는 원동력이었다.

진정한 극복은, 혼자가 아니라 사랑과 배움 속에서 피어난다는 것을. 그리고 오늘, 나는 그 길 위에 서 있다. 배움으로 마음을 다잡다. (석사 졸업, 박사 과정 입학) 모든 것이 무너진 듯한 순간에도, 배움은 나를 붙잡아 주었다. 석사 과정에서 공부하며 밤새 논문을 쓰고, 데이터를 분석하고, 마음을 정리했다. 배움은 단순한 지식이 아니었다. 그 속에서 나는 다시 나를 발견했고, 내 안의 상처와 마주하며 치유를 배웠다.

 석사 졸업장은 단순한 종이가 아니었다. 그건 내 삶의 시련을 이겨낸 증거였고, 앞으로 나아갈 새로운 길에 대한 신호탄이었다. 박사 과정을 시작하며, 나는 스스로에게 약속했다. "절대 포기하지 않겠다. 끝까지 배움으로 나를 지켜내겠다." 그 작은 시작은 나에게 교수라는 이름의 선물을 주었다. 오랜 노력의 결실로 열매를 맺게 되었다. 대견한 나를 칭찬하며 모든 힘듦과 아픔을 한번에 보상 받는 느낌이었다.

 그리고 삶을 위한 새로운 길이 열렸다. 작은 아이의 삶을 지켜야 한다는 책임감은 내 모든 결정을 움직였다. 직장을 대신할 사업을 구상하고, 아이가 좋아하고 잘할 수 있는 일을 찾아주며 하루하루를 함께 뛰어넘었다. 나는 아들을 위해, 아들의 눈으로 세상을 바라보기 시작했다.

 때로는 그의 손을 잡고, 때로는 뒤에서 지켜보며 아들이 자신을 발견하고 성장할 수 있는 길을 만들어주었다. 아이의 작은 웃음과 성취는, 나에게 다시 살아갈 힘이 되었다.

 이렇게 가족의 회복과 사랑의 재탄생이 희망을 주었다. 남편의 눈과 건강, 아들의 심장, 아버지의 병상…그 모든 고통이 지나간 자리에는 서로를 이해하고 보듬는 사랑이 남았다. 힘든 시간을 견디며 가족은 단단해졌다. 서로의 상처를 감싸 안으며, 우리는 다시 함께 숨 쉬었다. 사랑은 재탄생했고, 절망 속에서 배운 용기는 우리를 하나로 묶었다. 그 힘으로 또다른 시작의 창업으로 다시 피어난 희망의 빛을 발견하였다.

    시련 속에서도 나는 포기하지 않았다. 다시 창업을 결심하고, 그림책 사업을 이어가며 희망의 씨앗을 다시 뿌렸다. 이번에는 경험과 배움이 있었기에 작은 실패에 흔들리지 않고, 더 큰 그림을 그릴 수 있었다. 다시 시작한 사업은 단순한 수입을 넘어 사람들의 삶과 마음에 닿는 가치 있는 일이 되었다. 그리고 아들의 이름으로 분양받은 미래와 나는 미래를 믿고, 희망을 행동으로 옮겼다.

    아들의 이름으로 아파트를 분양받았을 때, 그건 그냥 부동산이 아니라 우리 가족의 새 출발과 삶의 안정에 대한 상징이었다. 절망과 고통 속에서도, 포기하지 않고 노력하면 한 줄기 빛이 찾아온다는 것을 알게 되었다. 그리고 그 빛은 가족에게, 나에게, 또 우리의 꿈에게로 이어졌다.

    모든 시련을 지나, 나는 다시 일어섰다. 배움으로 마음을 다잡고, 가족과 함께 삶을 회복하며, 다시 시작한 창업은 희망을 꽃피웠다. 아들의 이름으로 분양받은 미래는, 단순한 공간이 아니다.

그건 우리가 견뎌낸 시간과 노력이 만들어낸, 사랑과 희망의 증거다. 삶은 언제나 쉽지 않지만, 포기하지 않고, 끝까지 손을 내밀면, 어둠 속에서도 반드시 한 줄기 빛을 잡을 수 있다. 또한 극복의 순간마다 우리는 더 강해지고, 더 넓게 사랑할 수 있고 그 길 위에서, 우리 가족은 다시 꽃을 피운다.

도약: 새로운 인생의 무대

 수많은 시련을 지나, 나는 다시 한 번 새로운 무대 위에 섰다. 배움과 경험, 사랑과 책임이 쌓여 만들어진 자리에서, 이번에는 나 자신뿐 아니라, 세상을 향해 손을 내밀 수 있는 힘을 얻었다. 국제사이버대학교 교수로 서고, 그림책창작치유학과를 개설하며, 평생교육원을 설립한 순간, 나는 깨달았다. 인생의 진정한 도약은, 혼자가 아닌 함께 성장하는 길에서 완성된다는 것을. 이제 나는 두려움 대신 설렘으로, 불안 대신 희망으로, 새로운 시작을 마주한다.

 꾸준한 배움과 노력으로 성장한 시간이 국제사이버대학교 교수라는 새로운 직책을 주었다. 배움과 도전을 거듭하며, 나는 이제 교육자로서 또 다른 무대에 섰다. 국제사이버대학교 교수라는 새로운 이름 앞에서, 처음에는 떨림과 설렘이 공존했다.

하지만 나는 알고 있었다. 그동안 살아온 삶과 배움이, 이제 누군가에게 힘과 길을 줄 수 있다는 것을. 강의실에서 마주하는 학생들의 눈빛은 나를 다시 젊게 만들었다. 그들의 질문과 호기심은 내 안의 열정을 깨울것이고, 나는 매 순간 학생들과 함께 배우며 성장할 것이다.

그리고 또 하나의 행운이 찾아왔다. KBS스포츠예술과학원에 그림책창작치유학과 개설이 이루어졌다. 교육과 창작의 경계를 넘나들며, 나는 또 다른 도전을 선택했다. KBS스포츠예술과학원에 그림책창작치유학과를 개설하며, 그동안 쌓은 경험을 체계적으로 나누기로 했다. 강의실에서 그림책을 만들고, 글을 쓰고, 이야기를 나누는 순간마다 학생들은 스스로의 마음과 마주하고, 치유와 성장을 경험할 것이다. 그 모습을 지켜보며 나는 확신한다. "교육은 단순히 지식을 전하는 것이 아니라, 삶의 빛을 나누는 일이다."라는 것을.

마지막 대망의 꿈꾸던 소망이 이루어지는 순간이 한 달 후면 펼쳐진다. 평생교육원 설립, 꿈의 결실이 되었다. 많은 사람들에게 배움과 치유를 전하고 싶다는 꿈은 마침내 평생교육원 설립으로 결실을 맺었다. 그곳은 흔히 보는 강의 공간이 아니다. 사람들이 자신의 이야기를 발견하고, 삶의 가능성을 실현하는 '꿈의 터전'이다. 첫 원생과 함께한 날, 나는 그동안의 모든 수고와 시련이 오늘의 이 순간을 위해 있었음을 느낄 것이다.

　배움과 사랑이 한데 모여, 작은 씨앗이 큰 나무로 자라는 기적을 보는 듯했다. 결국 나를 키운 배움은 세상을 키우는 교육이다. 내가 살아온 길을 돌아보면, 배움은 언제나 나를 지켜주었다. 이제 그 배움을 세상에 나누는 일이 내 삶의 새로운 목표가 되었다. 강의와 출판, 창작과 교육의 모든 경험이 한 사람, 한 사람의 삶에 스며들어 성장의 밑거름이 된다. 나는 가르치며 배우고, 배우며 가르친다. 나를 키운 배움이 이제 세상을 키우는 교육으로 이어지고 있다.

　그렇게 인생의 두 번째 봄과 다시 청춘이 시작되었다. 시련을 지나, 극복하고, 다시 도약한 지금, 나는 인생의 두 번째 봄을 맞았다. 나이를 숫자로 세는 것이 아니라, 마음으로 느낄 수 있는 '청춘'이다. 새로운 도전 속에서 설레고, 새로운 만남 속에서 성장하며, 무엇보다 가족과 함께 걸어가는 길에서 삶의 참된 행복을 발견한다.

　인생은 한 번으로 끝나는 것이 아니다. 포기하지 않고 도전하면, 언제든 새로운 무대에서 다시 시작할 수 있다. 나는 이제, 나 자신과 세상을 향해 마음껏 날개를 펼친다.

도약의 순간마다 나는 배움과 사랑, 그리고 경험의 힘을 느꼈다. 내가 걸어온 길이 단순한 개인의 이야기가 아니라, 누군가의 삶과 마음에 닿는 길임을 알게 되었다. 인생의 두 번째 봄은, 나이와 상관없이 찾아올 수 있다. 포기하지 않고, 끝까지 도전하고, 사랑하며, 배우는 사람에게. 이제 나는 다시 청춘이다. 앞으로 펼쳐질 모든 날들은 나의 무대이며, 그 무대 위에서 나는 마음껏 꿈꾸고, 가르치고, 또 사랑하며 살아갈 것이다.

성찰: 삶이 나에게 가르쳐준 것들

 삶은 나에게 때로는 달콤했고, 때로는 쓰라린 스승이었다. 고통과 상처, 시련과 좌절 속에서 나는 배웠다. 상처는 나를 부수지 않고 성장시키며, 고통 속에서 인내와 희망의 가치를 깨닫게 한다는 것을. 그림책과 글쓰기는 내 마음을 치유했고, 교육과 배움은 나뿐만 아니라 다른 사람들의 삶에도 빛이 되었다. 이제 나는 돌아본다. 그 모든 시간과 경험이, 내 삶을 풍성하게 하고, 오늘의 나를 만들었다는 것을.
 지나온 세월처럼 상처는 나를 성장시켰다. 인생의 길은 언제나 평탄하지 않았다. 어린 시절부터 맞닥뜨린 시련과 50년 동안의 굴곡 속에서, 나는 상처가 나를 부수기보다 단단하게 만드는 힘임을 배웠다. 상처는 아프지만, 동시에 나를 성숙하게 만들고, 누군가의 고통을 이해할 수 있는 눈과 마음을 길러주었다. 나는 이제 상처를 두려워하지 않는다. 그것은 나를 성장시키는 귀한 스승이었기 때문이다.

  세월의 스승이 있기에 삶의 고통 속에서 배운 인내의 가치는 더 없이 소중하다. 남편과 아이, 아버지와 가족을 지켜야 했던 시간, 사업의 실패와 병마, 수많은 절망 속에서도 나는 포기하지 않았다. 고통은 나를 시험했지만, 그 속에서 인내의 가치를 배웠다. 인내란 단순히 참는 것이 아니다. 스스로를 믿고, 상황을 받아들이며, 희망을 놓지 않는 마음이다. 그 마음 덕분에 나는 무너짐 속에서도 다시 서고, 가족과 나 자신에게 희망의 길을 열 수 있었다.

  그 길을 외롭지 않게 길동무가 되어주고 나를 치유한 그림책이 내 50인생의 터닝포인트가 되었다. 그림책은 나에게 단순한 책이 아니었다. 어린 시절의 위로였고, 50대의 나를 다시 세운 힘이었다. 글을 쓰고, 그림을 그리며, 마음을 쏟는 과정은 내 상처를 치유하고, 새로운 나를 발견하게 했다. 그림책 속 이야기들은 내 삶의 거울이 되었고, 다른 이들의 마음을 이해하고, 그들의 상처를 보듬는 길이 되었다.

  그렇게 사람을 살리는 교육, 마음을 여는 글을 쓰고 만들고 코칭하며 성장의 끈을 놓치 않았다. 교육은 일반적 지식을 전달하는 일이 아니다. 마음을 열고, 삶을 변화시키는 힘을 전하는 일이다. 글과 그림책, 강의와 상담을 통해 나는 사람들에게 다가갔다. 누군가는 나의 글과 이야기를 통해 힘을 얻고, 누군가는 스스로를 발견하며 성장했다. 그 순간, 나는 깨달았다. 삶의 의미는 내가 전한 사랑과 배움 속에서 완성된다는 것을.

　그리고 지금, 내가 전하고 싶은 말을 적어 본다. 돌이켜보면, 인생은 단순히 지나가는 시간이 아니라 매 순간 배우고, 느끼고, 성장하는 긴 여정이었다. 고통과 상처, 기쁨과 성취 모두가 나를 만들었고, 그 속에서 나는 나만의 길을 찾았다. 지금 나는 말할 수 있다.

　삶은 우리를 시험하지만, 포기하지 않고 사랑하며 배우면, 언제든 새로운 시작과 희망이 찾아온다고. 상처와 시련 속에서도 자신을 믿고 나아가길. 그리고 삶 속에서 만나는 작은 기쁨과 사랑을 놓치지 않기를. 그것이 내가 전하고 싶은, 진심 어린 이야기다.

06

진짜 나를 만나다

우경하

안동의 소심한 소년
부푼 꿈을 안고 서울로
운명적으로 만난 1인 기업
나연구소로 진짜 나를 찾다
책쓰기 코치가 되다
나를 알면 인생은 변한다

ㅣ 작가 소개

나연구소 대표

한국자서전협회장

출판사: 인생이변하는서점, 피플북 대표

한국작가협회 초대회장

닉네임: 100권작가

1인 기업가, 작가, 강사, 글쓰기 책쓰기 코치

네이버 검색: 우경하 / 유튜브 검색: 나연구소

ㅣ 연락처

이메일: dancewoo@naver.com

블로그: https://blog.naver.com/dancewoo

안동의 소심한 소년

'나의 살던 고향은 꽃피는 산골
복숭아꽃 살구꽃 아기 진달래
울긋불긋 꽃 대궐 차리인 동내
그 속에서 놀던 때가 그립습니다.'

군대 시절 38선 철책에서 북한을 바라보며 이 노래를 속으로 자주 불렀다. 이 노래를 들으면 어린 시절 함께 놀던 친구들, 그리고 고향 마을의 풍경과 추억이 떠오른다.

내 고향은 경상북도 안동시 풍산이라는 작은 읍내 마을이다. 안동과 예천 중간쯤에 있으며, 최근에는 인근에 도청과 신도시가 들어섰다. 관광지로 유명한 하회마을과도 가깝다. 농사짓는 분들이 많았고, 우리 집은 내가 어렸을 때부터 농약 장사와 지업사를 함께 했다.

아빠와 엄마를 따라 일을 도우면서 농사일이 매우 힘들다는 것을 깨달았다.

2남 1녀 중 장남인 나는 어린 시절 내성적이고 소심한 아이였다. 남들은 잘 모르지만, TV에서 본 말 더듬는 사람을 흉내 내다 생긴 버릇 때문에 남들 앞에서 말하는 게 두렵고 자신이 없었다. 학창 시절 앞에서 발표하는 시간은 내게 가장 힘들고 두려운 시간이었다.

아빠와 엄마는 말수가 적은 편이었고 집안에 대화가 많지 않았다. 그 시절 80년대는 먹고살기가 빠듯한 시절이기도 했다. 유교 문화를 중시하는 경상도 특유의 엄숙하고 무거운 분위기는 나를 숨 막히게 했고, 장남이라는 부담과 책임도 나를 힘들게 했다. 그래서인지 어른들을 만나면 괜히 기가 죽고 작아졌다.

늘 착한 사람, 좋은 사람이 되는 것이 최고의 가치라고 무의식적으로 믿고 살았다. 남들에게 싫은 소리나 거절도 하지 못했다. 화가 나도 내 감정을 솔직하게 표현하는 방법을 몰라 혼자 속을 끓이는 시간도 많았다. 이런 내 모습이 마음에 들지 않았고, 당당하고 자신감 있는 사람이 되고 싶었다. 그런 결핍 덕분에 나는 늘 변화를 생각하고 원했다. 그 시간들이 모여 여러모로 예전과는 많이 다른, 내가 원하는 내가 되었다.

어린 시절의 나는 내가 원하는 매력적인 사람이 아니었다. 그런 결핍이 나를 많이 성장시켰다고 생각한다. 중학교 때까지 풍산에서 다녔고, 고등학교는 안동 시내에 있는 학교에 다녔다. 그리고 대구에 있는 대구대학교 사회복지학과에 입학했다. 스무 살이던 그때, 아빠가 위암으로 돌아가셨고 공부에 뜻이 없어서 대학교를 자퇴했다. 이때부터 나름 자립심이 생긴 것 같다.

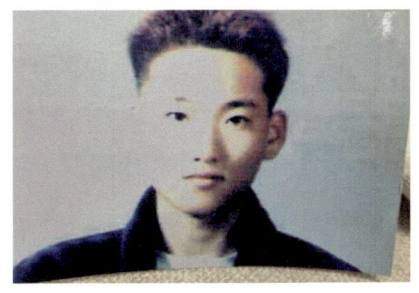

20살 때 사진

부푼 꿈을 안고 서울로

"대한민국~ 짝짝짝짝"

열띤 함성이 전국을 뒤덮었던 2002년 월드컵 4강 신화. 그 뜨거운 열기 속에서 23살의 나이로 군에 입대했다. 강원도 화천에서 군 생활을 하며 GOP 경계 근무를 섰는데, 근무지에서 바라본 그림 같은 산들의 풍경이 오랫동안 기억에 남았다.

제대 후 출세의 꿈을 안고 서울로 향했다. 아르바이트를 시작했고, 첫 터전은 고시원이었다. 직업전문학교에서 실내 디자인을 배워 작은 인테리어 회사에 취직했고, 그 학교에서 지금의 아내를 만났다. 2년의 연애 끝에 28살에 결혼했다.

인테리어 회사를 시작으로 자판기 회사, 얼음 회사, 유한킴벌리 대리점을 거쳐 29살에 12년간 다닌 전 직장에 들어갔다. LED 조명을 제조하는 회사였고, 나는 영업부에서 업체 관리, 현장 담당, 납품 등의 업무를 맡았다. 중소기업이었지만 그동안 다닌 회사 중 가장 규모가 컸고, 매출은 500억 원 정도였다. 일도 잘 맞고 사람들도 좋아서 오랫동안 다닐 수 있었다.

하지만 어느 순간, 직장이라는 구조의 한계를 느끼기 시작했다. 내가 진정으로 원하는 일이 아니라는 것을 알게 되었고, 회사를 얼마나 오래 다닐 수 있을지 미래가 불안했다. 몇 년 후 미래의 모습일 직장 상사들이 행복해 보이지 않았던 것도 퇴사를 결심한 큰 이유였다. 가슴 뛰는, 내가 정말 잘하고 좋아하는 내 일을 하고 싶었다.

강의하는 모습

운명적으로 만난 1인 기업

"당신 뭐에 홀린 사람 같아."

2017년 어느 날, 아내가 내게 했던 말이다. 그렇다. 나는 무언가에 홀려 있었다. '무자본 창업', '1인 기업 창업' 등 평소에는 하지 않던 말을 쏟아내는 나를 보며 아내는 불안해했다. 10년 넘게 우직하게 직장을 다니던 사람이 갑자기 창업하겠다며 여기저기 다니니 충분히 그럴 만도 했다.

오프라인 창업을 위해 인터넷으로 다양한 정보를 찾던 중 우연히 '무자본 창업'과 '1인 기업'을 알게 되었다. 창업에 필요한 초기 비용과 고정비가 매우 적다는 점이 흥미로웠다. 무엇보다 눈에 보이는 상품을 파는 것이 아니라, 내가 가진 경험과 지식을 글, 책, 강의 형태로 사람들에게 나누어주며 사업을 하고, 그를 통해 나 자신이 성장하고 발전할 수 있다는 점이 가장 큰 매력으로 다가왔다.

직장을 다니면서 주말마다 틈틈이 사람들을 만났고, 책과 영상 등으로 공부했다. 퇴사와 사업 준비가 완벽하지는 않았지만, 이 길이 내 길이라는 확신이 들어 주변의 반대를 뿌리치고 2020년 40살에 과감히 퇴사했다.

내 인생의 가장 큰 도전은 15년간의 직장 생활을 정리하고 40세에 1인 기업을 시작한 일이다. 직장 생활의 한계를 느꼈고, 내 삶이 행복하지 않았다. 가슴 설레고 온 열정을 다할 수 있는 나만의 멋진 일을 너무 하고 싶어서 과감히 선택한 일이었다.

물론 나도 불안하고 겁이 났다. 한 가정을 책임져야 하는 가장이었고, 경험이 전혀 없었기 때문이다. 30대 젊은 나이가 아닌 40이었다. 잘 될 것이라는 확신은 없었지만, 나는 도전하고 싶었다. 어영부영 2~3년을 더 보내도 내 삶은 변화가 없을 것이라 생각했다. 잘 해야만 하는 환경, 변할 수밖에 없는 곳으로 나는 과감히 나를 던졌다.

나연구소로 진짜 나를 찾다

　1인 기업가로 성장하고 나만의 수익 모델을 만들기 위해 다양한 교육을 받으며 성장해 갔다. 초반에는 사업 경험이 없어 많은 시행착오를 겪었다. 사업에 대한 개념과 나만의 수익 모델이 없어 힘들었다. 통장 잔고는 바닥이었고 자존감도 무너졌다.

　1인 기업을 공부하면서 '나를 아는 것'의 중요성을 깨달았다. 진정한 행복과 성공은 나를 아는 것에서 시작한다. 나는 나를 알기 위해 스스로에게 수많은 질문을 던지고, 마음과 감정을 관찰하며 꾸준히 글쓰기를 했다.

　이를 통해 내 존재의 진정한 가치를 알게 되었고, 세상에서 우리 모두의 '나'가 가장 소중하다는 것, 그리고 모두가 각자 자기 인생의 주인이라는 것을 깨달았다. 이런 경험으로 '나연구소'라는 브랜드를 만들고 '나'의 가치를 전하기 시작했다.

이후 '하루 만에 책 쓰기'라는 전자책을 하루 한 권씩 완성하는 프로젝트를 1년 가까이 진행하면서 더욱 내면이 성장했고, 전자책 전문가가 되었다. 나는 나름대로 내 시간을 사업 성장에 알차게 사용했다. 15년 넘는 직장 생활을 통해 쌓은 성실함과 책임감을 바탕으로, 무한한 자존감을 무기 삼아, 잘 해야만 하는 환경의 힘으로 끊임없이 도전하고 시행착오를 거쳤다.

1인 기업을 시작하고 5년간 정말 치열한 인생을 살았다. 힘들었지만, 내면과 외면 모두 크게 성장한 시간이었다. 시간이 흐른 뒤 내 선택이 옳았다는 것을 알게 되었다. 그렇게 깨닫기까지 3년이 넘는 시간이 걸렸고, 그사이 참 많은 일이 있었다.

책쓰기 코치가 되다

사람들은 말한다.

"우 대표님은 사업을 10년은 하신 것 같아요."

기분 좋고 듣기 좋은 칭찬이다. 그 결과, 자타공인 참 많은 일을 해내고 만들어냈다.

'전자책 출판 전문가', 닉네임 '100권 작가', '나연구소 대표', '한국작가협회 초대 회장', 출판사 '인생이변하는서점', '피플북' 대표, '한국자서전협회장', '공동 저자 종이책 출판 프로젝트 리얼 시리즈', '2박 3일 호텔 책쓰기 캠프', '옴니버스 50인 인생 책쓰기', '전자책출판지도사', '자서전출판지도사' 등 여러 이름이 생겼고, 나만의 콘텐츠를 만들었다.

때로는 나 스스로도 '언제 이렇게 많은 것을 만들었지?' 하며 놀라고 나 자신을 칭찬한다.

지금은 전자책 출판 코칭, 종이책 공동 저자 출판, 자서전 출판, 자서전 출판 지도사, 책 쓰기 코치, 강사 양성 자격증 과정 등을 운영하며 주로 1인 기업가들의 성장과 브랜딩을 돕고 있다. 또한 노년층 증가라는 시대 흐름에 맞춰 자서전의 가치를 더하기 위해 '한국자서전협회'를 설립했다.

1인 기업가로 혼자 일하는 것이 아니라, 많은 파트너와 함께 협업을 통해 사업을 확장하고 있다. 앞으로는 실무를 함께 할 직원들을 고용해 나라에 필요한 일자리를 창출하고 후배 양성에도 힘을 쏟으려 한다. 강사를 넘어 진정한 경영자가 되고자 한다.

당신은 세상 사람들에게 전하고 싶은 메시지가 있는가? 있다면 무엇인지 궁금하다. 나는 다음 세 가지 메시지를 글, 책, 강의, 영상 등으로 전한다.

"당신이 가장 소중하다.
책은 보는 것이 아니라 쓰는 것이다.
1인 기업이 가장 거대한 기업이다."

이 메시지는 내가 인생을 살면서 느끼고 깨달은 경험에서 나왔다. 그 시작은 바로 결핍이었다. 나의 소중함을 모르고 살았기에 인생이 공허하고 행복하지 않았다. 그 원인이 내가 나를 모르기 때문이라는 것을 깨닫고, 나를 알기 위해 질문하고 마음을 관찰하며 글쓰기를 미친 듯이 했다. 그런 경험으로 '나'라는 가치와 '나연구소'라는 이름을 내 안에서 운명처럼 만났다.

책을 볼 때보다 쓸 때 더 많이 성장했기에 책 쓰기의 매력을 깨달았다. 책을 쓰면서 나 자신을 깊이 들여다보게 되었고, 내가 무엇을 원하고 어떻게 살아야 하는지 명확해졌다. 글쓰기는 단순히 기록이 아니라 자기 발견의 과정이었다. 그래서 나는 사람들에게 말한다.

"책은 보는 것이 아니라 쓰는 것이다."

그리고 1인 기업의 무한한 가능성을 보았다. 한 사람이 자신의 경험과 지식으로 세상에 영향을 미치고, 수익을 만들고, 자유롭게 살아갈 수 있다는 것. 이것이야말로 가장 거대한 기업의 모습이라 믿는다.

"나는 아직도 배고프다."
월드컵 4강 신화라는 놀라운 업적을 낸 히딩크 감독의 말이 생각난다.
나는 말한다.

"언제나 내 인생은 지금부터가 시작이다."

나연구소 사무실(서울 도봉구 창동)

나를 알면 인생은 변한다

'우리의 미래는 밝다.'

내가 좋아하는 말이다. 과거는 바꿀 수 없지만 미래는 바꿀 수 있다. 사람의 가장 신비로운 능력은 바로 생각의 힘이다. 원하는 것을 생각하면 그것을 이루기 위한 아이디어들이 주변에 모여든다. 원하는 미래를 그리고 행동하며 성취할 때 우리는 성장하고 행복을 느낀다.

미래의 나는 자유인이 된다. 시간적, 경제적 자유를 포함해 인생의 많은 부분에서 자유를 이룰 것이다. 내 목표는 50세까지만 열심히 재미있게 일하는 것이다. 50세 이후에는 돈을 벌기 위해 일하지 않고, 나의 재능이 필요한 사람들에게 나누어 주며 여유롭고 풍요로운 인생을 살 것이다.

우리는 더 나은 미래가 있고 꿈꿀 수 있기에 힘든 시간을 견딘다.

삶의 동기 부여와 열정도 지금보다 더 나은 미래가 있다는 믿음 때문이다. 사람의 운명은 정해져 있지 않고, 개인의 희망과 열정으로 만들어진다. 생각의 힘과 행동이라는 실행을 더해 우리가 원하는 행복한 인생을 만들어가자.

'행복은 이미 우리 안에 있다.'

우리가 바라는 것은 언제나 행복과 성공이다. 예전에는 그것이 아주 멀고 높은 곳에 있다고 생각했다. 하지만 이제는 안다. 이미 행복하고 성공했다는 것을. 그리고 행복과 성공은 언제나 바로 지금, 이 순간에 있다. '아직'이 아니라 '이미'인 것이다.

'바다 위를 걷는 것이 기적이 아니라
땅 위를 걷는 것이 기적이다.'

틱낫한 스님이 한 말이다. 그렇다. 우리가 이 땅에 태어나 하늘 아래 존재하고 걷고 있는 것만으로도 이미 기적을 경험하고 있다.

돌아보면 인생에서 행복한 순간이 참 많았다. 아내와의 만남과 결혼, 두 아이의 출산, 1인 기업으로의 성장, 나만의 사무실, 좋은 차, 좋은 집 등. 그중에서도 가장 큰 행복은 '나'의 가치를 깨달은 것이다. 나 자신이 가장 소중하고, 내가 내 인생의 주인이라는 것을 알게 된 것, 나를 아끼고 사랑하며 진짜 나로 살아가고 있는 지금 이 순간이 가장 행복하다. 나는 오직 이 시간에만 존재한다.

더불어 내가 경험하고 깨달은 진리와 가치를 글, 책, 강의, 프로그램 등으로 세상 사람들에게 전하는 역할과 소임을 다하고 있어 더욱 감사하다. 나로 인해 누군가가 성장하고 행복함을 느낄 때, 이 또한 큰 보람이다.

우리가 힘든 일을 잊을 수 있는 가장 큰 무기는 바로 시간이다. 아무리 힘든 일도 시간이 지나면 무뎌지고 기억 속에서 잊히기 마련이다. 인생을 살면서 누구나 힘든 일과 위기를 만난다. 고난이 없는 인생은 없다. 이런 다양한 일을 경험하고 이겨내며 우리는 인생을 배우고 삶의 이치와 지혜를 깨닫는다.

내 인생에서 가장 힘든 순간 두 가지를 꼽자면, 열심히 보고 듣고 배운 대로 살았지만 진짜 나로 살지 못해 답답했던 시절과 사업 초기다. 여러 이유로 내가 무엇을 원하는지, 어떻게 살아야 하는지 아무것도 몰랐다. 어두운 터널 속에 갇힌 것 같았고, 빠져나올 수 없는 깊은 늪에 빠진 것 같았다. 하지만 이제는 안다.

모든 것이 경험이고 배움이라는 것을. 그때의 시간이 지금의 나를 만들었다는 것을.

우리의 인생은 참으로 놀랍고 신비롭다. 변화를 간절히 원했고 실제로 많은 것이 변했기 때문이다. 또한 앞으로 많은 시간이 남아 있기에 더욱 큰 꿈과 희망을 품고 하루하루를 살고 있다. 원하는 것을 생각하고 현실로 이루어가는 것이 인생의 가장 큰 보람이자 행복이다.

나는 지금 최고의 인생을 살고 있다고 믿는다.

"산 정상이 어디냐고 묻는다면
내가 서 있는 지금 이곳이 정상이다.
내가 가는 곳이 길이고
나와 우리는 길을 만드는 사람들이다."

에필로그

"글을 쓰며 내 삶을 돌아보게 되었어요"

자서전을 쓴 많은 분이 하는 말이다. 우리가 자서전을 써야 하는 이유는 매우 많다. 그중 가장 큰 이유와 의미는 자신이 살아온 과거와 현재를 돌아보고 남은 인생을 더 가치 있고 행복하게 살기 위함이다.

한 사람의 인생에는 수많은 경험과 삶의 지혜가 녹아 있다. 그런 글들은 자손과 후손들에게 전하는 위대한 교훈이자 유산이 된다. 또한 시대적으로는 역사 문화의 귀중한 자료가 되고, 세대 간의 깊은 공감과 소통을 돕는 도구가 된다.

자서전 글쓰기와 책 쓰기를 통해 자신이 누구인지, 어떤 인생을 살아왔고 앞으로 어떤 인생을 살아야 할지 그려보는 소중한 시간을 더 많은 분이 갖기를 소망한다. 앞으로 우리를 통해 세상에 나올 수많은 작가님과 자서전에 마음이 설렌다.

모두가 자신의 인생을 담은 자서전을 통해 더 나은 '나', 진짜 '나'가 되기를 바라고 응원한다.

-한국자서전협회 강사 일동-

삶을 읽고 나를 쓰는 자서전

초판 1쇄 발행_ 2025년 12월 01일

지은이_ 김경화 송선숙 김선화 이선자 이은미 우경하
펴낸이_ 우경하
펴낸곳_ 인생이변하는서점
디자인_ 우경하
표지디자인_ 비마기획
인쇄처_ (주)북모아

출판등록번호_ 제2021-000015호
주소_ 서울 도봉구 덕릉로 63가길 43 상가지하 26호
전화_ 010-7533-3488
ISBN_ 979-11-995852-1-8
정가_ 17,000원

이 책은 저작권법에 따라 보호받는 저작물이므로
무단 전재와 무단 복제를 금지하며
이 책 내용을 이용하려면 반드시 저작권자와
출판사 인생이변하는서점의 서면동의를 받아야 합니다.
잘못된 책은 구입처나 본사에서 바꾸어 드립니다.